Edgar Schröder

Zeitarbeit

Chancen und Risiken für Zeitarbeitnehmer und Kundenunternehmen

POCKET BUSINESS

Cornelsen

Der Autor

Edgar Schröder befasst sich seit 1986 mit den Arbeitsabläufen in der Zeitarbeitswelt. Zuerst als Prüfbeamter eines Landesarbeitsamts, ab 1990 als angestellter Controller eines großen renommierten Zeitarbeitsunternehmens und seit 1993 als selbstständiger Unternehmensberater.

Verlagsredaktion: Ralf Boden
Grafik und technische Umsetzung: Holger Stoldt, Düsseldorf
Umschlaggestaltung: Katrin Nehm
Titelfoto: © Stefan Wagner, Berlin

2. Auflage

Druck: Druckhaus Berlin-Mitte

ISBN-13: 978-3-589-21959-9
ISBN-10: 3-589-21959-9

Inhalt gedruckt auf säurefreiem Papier, umweltschonend hergestellt aus chlorfrei gebleichten Faserstoffen.

Vorwort

Fester Bestandteil des ersten Arbeitsmarktes

Allein im ersten Halbjahr 2004 waren an die 400.000 Menschen als Zeitarbeitnehmer beschäftigt. Zeitarbeit etabliert sich in Deutschland als fester Bestandteil des ersten Arbeitsmarktes und gewinnt den Status eines normalen Arbeitsverhältnisses.

Die Geschäftsidee Zeitarbeit polarisiert und fasziniert die Menschen. Die Startphase, die von den meisten Akteuren als Sprung ins kalte Wasser beschrieben wird, führt die Menschen zur entscheidenden Weichenstellung ihrer beruflichen Karriere. Entweder gibt es kein Halten mehr – der Virus Zeitarbeit beeinflusst ihre Aktionen und bringt sie beruflich, persönlich und charakterlich ganz nach vorne – oder die Zeitarbeitswelt schreckt die Menschen ab – sie fühlen sich überfordert, falsch verstanden und ins Abseits gestellt.

Das Buch bringt die Fakten über diese Beschäftigungsform sowohl für die (potenziellen) Zeitarbeitnehmer als auch für die Entscheidungsträger aufseiten der Kundenunternehmen als den wirtschaftlichen Nutznießern. Die unterschiedlichen Sichtweisen werden dargestellt, was allen Beteiligten die Kommunikation untereinander erleichtern und kontroverse Diskussionen versachlichen soll. Zu den Beteiligten zählen nicht nur die Jobsuchenden und die Einkäufer der Personaldienstleistungen in den Kundenunternehmen, sondern auch die Innendienstmitarbeiter der Zeitarbeitsunternehmen.

Das Buch ermöglicht allen diesen Gruppen den Blick über den jeweiligen Tellerrand und somit ein ganzheitliches Verständnis der Mechanismen und Spielregeln des Phänomens Zeitarbeit.

Da die zugrunde liegenden rechtlichen Regelungen sehr komplex sind, findet der an diesen Zusammenhängen interessierte Leser immer wieder Hinweise auf Gesetze oder Zitate aus Gesetzen und entsprechenden Durchführungsanweisungen.

Varrel, im Frühjahr 2005 *Edgar Schröder*

Inhaltsverzeichnis

1 Wie funktioniert Zeitarbeit?

Die grundlegenden Spielregeln der Arbeitnehmerüberlassung

1.1 Dreiecksbeziehung

Zeitarbeit oder die sog. Arbeitnehmerüberlassung spielt sich innerhalb des Dreiecks von Entleiher, Leiharbeitnehmer und Verleiher ab.

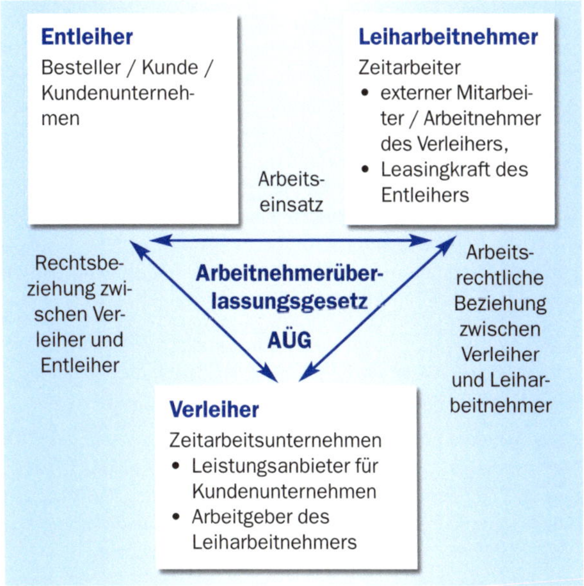

Das Arbeitnehmerüberlassungsgesetz (AÜG) regelt die Beziehungen zwischen Kundenunternehmen, Zeitarbeitsunternehmen und Zeitarbeitnehmer

Die Regelung der Arbeitnehmerüberlassung ist im Gesetz zur Regelung der gewerbsmäßigen Arbeitnehmerüberlassung, dem sog. Arbeitnehmerüberlassungsgesetz (AÜG), niedergelegt.

> Der Zeitarbeit- oder Leiharbeitnehmer ist im Zeitarbeitsunternehmen (Verleiher) fest angestellt, dieses hat hier also den Status als Vertragsarbeitgeber.

Die Zeitarbeitnehmer werden überbetrieblich als externe Arbeitskräfte in Kundenfirmen (Entleiher) aktiv tätig. Die Arbeitsabläufe und die zu verrichtenden Tätigkeiten werden generell von den Personalentscheidungsträgern der Kundenfirmen vorgegeben. Die Betreuung der aktiv arbeitenden externen Mitarbeiter vor Ort an den zugewiesenen Arbeitsplätzen obliegt „naturgemäß" den Kundenfirmen. Vor dem Einsatz in einer Kundenfirma vermitteln die Personaldisponenten in den Zeitarbeitsfirmen ihren Arbeitnehmern in aller Regel die jeweiligen Anforderungen der Kundenfirmen. Gute Personaldienstleister besuchen ihre externen Mitarbeiter auch in den Kundenbetrieben und sorgen dadurch für eine „dezente" Bindung an ihr Unternehmen. Mit längerer Einsatzdauer in einem bestimmten Kundenbetrieb werden selbstverständlich die sozialen Kontakte „vor Ort" zunehmend wichtiger (Integration).
Das Selbstverständnis der Zeitarbeitsfirmen ist unterschiedlich ausgeprägt – Stichwort „Firmenphilosophie". Eine Kernaussage gilt allerdings für alle hier tätigen Akteure:

> Personaldisponenten sind absolute Profis des Arbeitsmarktes. Sie bringen Arbeitnehmer in Beschäftigung.

Disponieren steht für das Zusammenführen der Arbeitskräfte suchenden Auftraggeber mit den verfügbaren Leasingkräften. Personaldisponenten akquirieren also einerseits Aufträge bei potenziellen Einsatzbetrieben und rekrutieren andererseits die „passgenauen" Arbeitnehmer auf dem Arbeitsmarkt.

Hier abschließend eine Übersicht über die Zusammenhänge zwischen den unterschiedlichen Begriffen:

ist in Bezug auf:	**den Arbeitnehmer**	**die Zeitarbeitsfirma**	**die Beschäftigungsfirma**
Der Arbeitnehmer		Angestellter, Leiharbeitnehmer, externer Mitarbeiter	Zeitarbeitnehmer, Leasingkraft, Fremdarbeitnehmer
Die Zeitarbeitsfirma	Vertragsarbeitgeber, Vermittler, Agentur		Auftragnehmer, Verleiher, Personaldienstleister, Lieferant
Die Beschäftigungsfirma	Einsatzbetrieb, Kundenunternehmen	Auftraggeber, Entleiher, Besteller	

1.2 Elementare Spielregeln des Arbeitnehmerüberlassungsgesetzes (AÜG)

Problematischer Gleichbehandlungsgrundsatz

Seit dem ersten Januar 2004 gilt in Deutschland das so genannte Diskriminierungsverbot für Leasingkräfte, die sich im Kundeneinsatz befinden. Die Experten sprechen hier vom Grundsatz des „Equal Treatment".

Die Zeitarbeitnehmer sollen in allen Arbeitsbedingungen einschließlich des Arbeitsentgelts den vergleichbaren Stammbeschäftigten der Kundenbetriebe gleichgestellt werden.

Diese Forderung des Gesetzes lässt sich in der geschäftlichen Praxis allerdings nur sehr selten realisieren. Hier der entsprechende Gesetzestext § 9 Nr. 2 AÜG:

> *„Unwirksam sind … Vereinbarungen, die für den Leiharbeitnehmer für die Zeit der Überlassung an einen Entleiher schlechtere als die*

im Betrieb des Entleihers für einen vergleichbaren Arbeitnehmer des Entleihers geltenden wesentlichen Arbeitsbedingungen einschließlich des Arbeitsentgelts vorsehen, es sei denn, der Verleiher gewährt dem zuvor arbeitslosen Leiharbeitnehmer für die Überlassung an einen Entleiher für die Dauer von insgesamt höchstens sechs Wochen mindestens ein Nettoarbeitsentgelt in Höhe des Betrages, den der Leiharbeitnehmer zuletzt als Arbeitslosengeld erhalten hat; Letzteres gilt nicht, wenn mit demselben Verleiher bereits ein Leiharbeitsverhältnis bestanden hat; ein Tarifvertrag kann abweichende Regelungen zulassen; im Geltungsbereich eines solchen Tarifvertrages können nicht tarifgebundene Arbeitgeber und Arbeitnehmer die Anwendung der tariflichen Regelungen vereinbaren ...“

Diese gesetzliche Spielregel sichert den Zeitarbeitnehmern einen durchschlagenden Rechtsanspruch zu. Den Zeitarbeitsunternehmen als Vertragsarbeitgeber verbleibt wenig Gestaltungsspielraum.
Der Gesetzgeber hat den Druck auf die Zeitarbeitsbranche dadurch erhöht, dass der Gleichbehandlungsgrundsatz als gewerberechtliche Spielregel im § 3 Abs. 1 Nr. 3 AÜG verankert ist.

> In der Konsequenz bedeutet dies, dass jede nicht gesetzeskonforme Handhabung in der gelebten Personalpraxis für ein Zeitarbeitsunternehmen die Entziehung der Erlaubnis zur Arbeitnehmerüberlassung zur Folge haben kann.

Erste Ausnahme vom Gleichbehandlungsgrundsatz:
Nettoarbeitsentgelt in Höhe des zuletzt bezogenen Arbeitslosengeldes

Diese gesetzestechnische Stellschraube findet in der Personalpraxis so gut wie keine Anwendung, da sie nicht motivationsfördernd ist. Kein Arbeitgeber vermag leistungswillige Mitarbeiter in Kundenbetriebe zu vermitteln, deren Einsätze in Vollzeit mit ca. 160 Monatsstunden definiert sind, wenn dies lediglich in Höhe der bisherigen Arbeitslosengeldbezüge bezahlt wird.

Der Gleichbehandlungsgrundsatz ist prinzipiell gewerbe- und arbeitsrechtlich geschützt

Die gesetzestechnische Architektur hat alle Schnittstellen der Dreiecksbeziehungen Zeitarbeitnehmer – Personaldienstleister – Kundenfirma mit Stellschrauben für die Geltendmachung des Gleichbehandlungsgrundsatzes versehen.

Überlassungsvertrag

zwischen Zeitarbeits- und Kundenunternehmen

Nach § 12 Abs. 1 AÜG ist die schriftliche Dokumentation der Arbeitsbedingungen der vergleichbaren Stammbeschäftigten vorgeschrieben.

Auskünfte

der Kundenfirma an die externen Beschäftigten

Nach § 13 AÜG muss das Personalbüro der Kundenfirma die bei ihr beschäftigten Zeitarbeitnehmer über die Arbeitsbedingungen der vergleichbaren Stammbeschäftgten informieren.

Bundesagentur für Arbeit

Nach § 3 Abs. 1 Nr. 3 AÜG werden gewerberechtliche Kontrollen durch Prüfung der Personalakten durchgeführt

Korrekturabrechnung

Nach § 10 Abs. 4 AÜG kann der Zeitarbeitnehmer die Gewährung gleicher Arbeitsbedingungen einschließlich des Entgelts von der Zeitarbeitsfirma verlangen.

Verboten!

Nach § 9 Nr. 2 AÜG sind Abweichungen zuungunsten der Zeitarbeitnehmer kraft Gesetz unwirksam.

Zweite Ausnahme vom Gleichbehandlungsgrundsatz:
Tariföffnungsklausel

Die Zeitarbeitsunternehmen bezahlen ihre Mitarbeiter nach den tariflichen Konditionen spezieller Zeitarbeitstarifverträge, die zwischen den Zeitarbeitsorganisationen und den Gewerkschaften erstmalig im Kalenderjahr 2003 ausgehandelt und ratifiziert wurden.

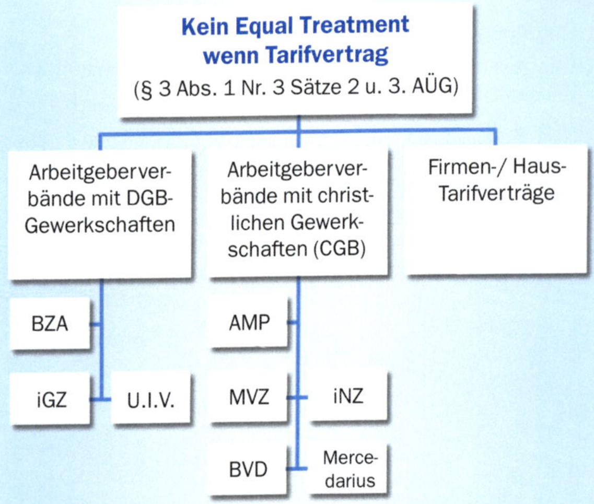

AMP = Arbeitgeberverband Mittelständischer Personaldienstleister e.V.
BVD = Bundesvereinigung Deutscher Dienstleistungsunternehmen
BZA = Bundesverband Zeitarbeit Personaldienstleistungen e.V.
CGB = Christlicher Gewerkschaftsbund Deutschlands
DGB = Deutscher Gewerkschaftsbund (DGB)
iGZ = Interessenverband Deutscher Zeitarbeitsunternehmen e.V.
iNZ = Interessengemeinschaft Nordbayerischer Zeitarbeitunternehmen e.V.
MVZ = Mittelstandsvereinigung Zeitarbeit e.V.
U.I.S. = Unternehmerverband Industrie Service u. Dienstleistungen e.V.

Tarifverträge zwischen Zeitarbeitsorganisationen und Gewerkschaften

Die Umsetzung des Gleichbehandlungsgrundsatzes in die Paxis ist problematisch

Nach anderthalb Jahren Beobachtung und entsprechenden Erfahrungswerten (Sommer 2003 bis Dezember 2004) kann konstatiert werden:

> Die Gleichbehandlung in den wesentlichen Arbeitsbedingungen insbesondere in Bezug auf die Arbeitsentgelte findet de facto nicht statt.

Alle Zeitarbeitsunternehmen bezahlen die Leistungen ihrer externen Mitarbeiter nach den speziellen Konditionen der Zeitarbeitstarifverträge.

Beschluss des Bundesverfassungsgerichts vom 29.12.2004

Der BZA (Bundesverband Zeitarbeit Personaldienstleistungen e.V.), die MVZ (Mittelstandsvereinigung Zeitarbeit e.V.), sowie acht weitere Zeitarbeitsunternehmen erhoben im Jahr 2003 Verfassungsbeschwerde, die sich gegen die gesetzestechnischen Stellschrauben im AÜG richteten, die das Leitbild des Gleichbehandlungsgrundsatzes zugunsten der Leiharbeitnehmer für die Dauer der aktiven Beschäftigungsphasen in den Kundenbetrieben bewirken sollen (§§ 3 Abs. 1 Nr. 3, 9 Nr. 2 und 10 Abs. 4 AÜG).
Ihre Argumentatioon war folgende: Durch die gesetzliche Regulierung der Arbeitsbedingungen der Leiharbeitnehmer werde ohne rechtfertigenden Grund unverhältnismäßig in die Koalitionsfreiheit der Arbeitgeberverbände und in die Berufsfreiheit der Verleihunternehmen eingegriffen. Der Eingriff sei auch zudem wegen der gesetzlichen Tariföffnungsklausel nicht gerechtfertigt.
Die zweite Kammer des Ersten Senats des Bundesverfassungsgerichts begründete ihre Abweisung damit, dass gerade die angegriffenen gesetzlichen Regelungen neue Beschäftigungsmöglichkeiten erschließen würden. Die vermittlungsorientierte Leiharbeit solle insbesondere als Brücke aus der Arbeitslosigkeit in die Beschäftigung genutzt werden. Die strittigen AÜG-

Spielregeln seien geignet, einen Beitrag zur Schaffung neuer Arbeitsplätze zu leisten.
Aus der Begründung:

> *„Den Verleihunternehmen sind die angegriffenen Regelungen zumutbar, weil eine steigende Qualität und Akzeptanz von Leiharbeit, die gesetzgeberisches Anliegen war, auch ihnen nützt. Ihre Wettbewerbsbedingungen und durch die angestrebte Ausweitung der Leiharbeit ihre Stellung im Arbeitsmarkt können sich dadurch gegenüber den Arbeitgebern der anderen Branchen verbessern."*

Im Übergangsjahr 2003 (vor Inkrafttreten der neuen AÜG-Spielregeln zum 01.01.2004) kamen in der Tat Tarifabschlüsse in der Zeitarbeitsbranche zustande. Insbesondere für die DGB-Gewerkschaften handelt es sich bei den bisherigen Tarifabschlüssen mit BZA und iGZ um den Einstieg in die bis dato nahezu tariflose Zeitarbeitsbranche.

Die zwischen den Zeitarbeitgeberverbänden und den Gewerkschaften ausgehandelten Tarifentgelte der Zeitarbeitnehmer sind allerdings niedriger als die Tarifentgelte der meisten der für die Stammbeschäftigten der Kundenfirmen jeweils geltenden Branchentarifverträge.

Die nach den Traifverträgen der Zeitarbeitsbranche (siehe Seite 70) bezahlten Zeitarbeitnehmer stehen sich also trotz der Forderung nach Equal Treatment schlechter als die Stammbeschäftigten der Kundenfirmen, in denen sie eingesetzt werden.
Auf der anderen Seite hängen Zukunft und Wettbewerbsfähigkeit der Zeitarbeitsunternehmen von einer funktionierenden Tarifpartnerschaft zwischen den Verbänden und Gewerkschaften ab. Sobald Tarifverträge nämlich zeitlich auslaufen und die Verhandlungen über neue Tarifabschlüsse keine Ergebnisse bringen, stehen die Zeitarbeitsunternehmen gewissermaßen im Regen, da dann die Tariföffnungsklausel (Seite 12) hinfällig wird und per Arbeitnehmerüberlassungsgesetz (AÜG) automatisch der Grundsatz des Equal Pay greift, nach dem Zeitarbeitnehmer gleiches Entgelt wie Stammbeschäftigte erhalten müssen.

Im Zuge der Dokumentation identischer Arbeitsbedingungen hat dies dann wiederum für die Kundenunternehmen zur Folge, dass sie ihre betriebsinternen Gehaltsstrukturen offenlegen müssen (siehe Seite 104); ein Umstand, der viele Unternehmen vom Einsatz externer Mitarbeiter abhalten dürfte. Zudem verteuert sich die Dienstleistung

Schriftlicher Arbeitsvertrag

Seit Inkrafttreten des Arbeitnehmerüberlassungsgesetzes 1972 ist den Arbeitnehmern ein schriftlicher Arbeitsvertrag auszuhändigen. Nach § 11 AÜG hat das Zeitarbeitsunternehmen in der Vertragsurkunde zu dokumentieren, dass es im Besitz einer gültigen Erlaubnisurkunde ist (siehe Seite 24).

„Garantiezahlung“ für Zeiten des Nichteinsatzes

Das Herausragende an dem Arbeitsvertrag in der Zeitarbeitsbranche ist die zugesicherte Weiterzahlung des vereinbarten Arbeitsentgelts für Zeitfenster, in denen der externe Mitarbeiter keinen Kundeneinsatz zugewiesen bekommt. Im AÜG findet sich diese Einkommensgarantie unter den §§ 11 Abs. 1 Nr. 2 und Abs. 4. Tatsächlich (in der gelebten Praxis der Zeitarbeitsfirmen) werden die Phasen der Nichteinsätze bzw. geringerer Inanspruchnahme der Arbeitskraft durch die buchungstechnischen Mechanismen der Arbeitszeitkonten weitestgehend kompensiert (siehe Seite 72).

Behördliches Merkblatt der Bundesagentur für Arbeit

Als Anlage zum Arbeitsvertrag hat das Zeitarbeitsunternehmen ein amtliches Dokument auszuhändigen, das in schwer verständlichem Behördendeutsch die gesetzestechnischen Spielregeln für den Arbeitnehmer erörtert (siehe Seite 78).
Ausländische Arbeitnehmer können verlangen, dass der Arbeitsvertrag und das behördliche Merkblatt in ihrer Muttersprache ausgefertigt werden. Die Übersetzungskosten trägt das Zeitarbeitsunternehmen.

Ausländerbeschäftigung und Arbeitsgenehmigung

Drittstaatsangehörige

Für die Beschäftigung als externer Mitarbeiter in der Zeitarbeit ist die Niederlassungserlaubnis nach § 9 Abs. 1 Aufenthaltsgesetz Grundvoraussetzung. In Einzelfällen genügt die Aufenthaltserlaubnis nach §§ 25 Abs.1 und 2, 28 Abs. 5 sowie 29 Abs. 5 AufenthG. Die Ausländerbehörde ergänzt die Aufenthaltserlaubnis mit dem Vermerk „Erwerbstätigkeit ist gestattet."
Ausländer, die für ihren Aufenthaltstitel die interne Zustimmung der Bundesagentur für Arbeit gegenüber der Ausländerbehörde benötigen, werden ausgegrenzt: Die Zustimmung für Tätigkeiten als Leiharbeitnehmer ist kraft Gesetzes zu versagen (§ 40 Abs. 1 Nr. 2 Aufenthaltsgesetz)!

EU-15 alt-Staatsangehörige

Bürgerinnen und Bürger der Europäischen Union müssen wie Deutsche nur noch der Meldepflicht an ihrem Wohnort nachkommen. Sie genießen allgemeine Freizügigkeit, d.h. das jeweils nationale Arbeitserlaubnisrecht gilt nicht, der Arbeitsmarkt steht ihnen uneingeschränkt offen.

EU-10 neu-Staatsangehörige

In einem Übergangszeitraum von längstens sieben Jahren, gerechnet ab dem 01.Mai 2004, benötigen Staatsangehörige der neuen EU-Mitgliedsstaaten (Ausnahme Malta und Zypern) eine Arbeitsgenehmigung. *„Die Genehmigung wird befristet als Arbeitserlaubnis-EU erteilt, wenn nicht Anspruch auf eine unbefristete Erteilung als Arbeitsberechtigung-EU besteht."* (§ 284 Abs. 2 Sozialgesetzbuch – SGB – III). Für eine Beschäftigung als externer Mitarbeiter in der Zeitarbeit ist zwingend die Arbeitsberechtigung-EU Voraussetzung.

EWR-Staatsangehörige

Staatsangehörige eines anderen Vertragsstaats des Abkommens über den Europäischen Wirtschaftsraum (EWR) – Island, Nor-

Niederlassungserlaubnis (eine Aufenthaltserlaubnis ist grundsätzlich für die Beschäftigung ausländischer Arbeitnehmer nicht ausreichend)

wegen und Liechtenstein können von Zeitarbeitsunternehmen wie deutsche Arbeitnehmer eingestellt und beschäftigt werden.

Verträge zwischen Zeitarbeitsunternehmen und Kunden müssen besonderen Ansprüchen genügen

Paragraph 12 Abs. 1 des Arbeitnehmerüberlassungsgesetzes (AÜG) legt zum Überlassungsvertrag Folgendes fest:

> *Der Vertrag zwischen dem Verleiher und dem Entleiher bedarf der Schriftform.*
> *In der Urkunde hat der Verleiher zu erklären, ob er die Erlaubnis nach § 1* [siehe Seite 24] *besitzt.*
> *Der Entleiher hat in der Urkunde anzugeben, welche besonderen Merkmale die für den Leiharbeitnehmer vorgesehene Tätigkeit hat und welche berufliche Qualifikation dafür erforderlich ist sowie welche im Betrieb des Entleihers für einen vergleichbaren Arbeitnehmer des Entleihers wesentlichen Arbeitsbedingungen ein-*

schließlich des Arbeitsentgelts gelten; Letzteres gilt nicht, soweit die Voraussetzungen einer der beiden in § 3 Abs. 1 Nr. 3 [Ausnahmen vom Gleichbehandlungsgrundsatz; siehe Seite 10] *und § 9 Nr.* 2 [Schlechterstellung von Leiharbeitnehmern, siehe Seite 9] *genannten Ausnahmen vorliegen.*

In Kapitel 3.4 wird dieser Sachverhalt nochmals ausführlich beschrieben.

Wettbewerbsrechtliche Sperrklauseln in Arbeits- und Überlassungsverträgen sind unzulässig

Dem Zeitarbeitsunternehmen ist es untersagt, seinen externen Mitarbeitern „Fesseln" durch Wettbewerbsverbote anzulegen. Nach Beendigung des Anstellungsverhältnisses steht es dem Zeitarbeitnehmer frei, direkt mit dem bisherigen Beschäftigungsbetrieb (= Entleiher) ein Arbeitsverhältnis zu begründen und quasi als Stammbeschäftigter zu arbeiten (siehe hierzu Kapitel „Klebeeffekt" Seite 50).
Um die berufliche Freiheit der Zeitarbeitnehmer zusätzlich abzusichern, dürfen auch die Überlassungsverträge zwischen Zeitarbeitsunternehmen und Kunden keine Sperrklauseln beinhalten, die es dem Kunden untersagen, die Leasingkräfte direkt als stammbeschäftigte Arbeitnehmer unter Vertrag zu nehmen.

Verbot des Arbeitnehmertransfers an Betriebe des Bauhauptgewerbes

Das sektorale Verbot von Personaldienstleistungen im Bauhauptgewerbe stammt aus der Ära Anfang der Achtzigerjahre, als der Zeitarbeitsbranche noch ein anrüchiges Image anhaftete. Die Motivlage des Gesetzgebers war es seinerzeit, die herrschenden krassen Formen und Sachverhalte illegaler Beschäftigung einzudämmen. Das Bundesverfassungsgericht bestätigte 1987, dass das damit bestehende Verbot von auf die Baubranche spezialisierten Personaldienstleistern mit Art. 12 des Grundgesetzes konform geht.

In Paragraph 1 b AÜG heißt es hierzu (auszugsweise):

Gewerbsmäßige Arbeitnehmerüberlassung in Betriebe des Baugewerbes für Arbeiten, die üblicherweise von Arbeitern verrichtet werden, ist unzulässig.

Sie ist gestattet

a) zwischen Betrieben des Baugewerbes und anderen Betrieben, wenn diese Betriebe erfassende, für allgemein verbindlich erklärte Tarifverträge dies bestimmen,

b) zwischen Betrieben des Baugewerbes, wenn der verleihende Betrieb nachweislich seit mindestens 3 Jahren von denselben Rahmen- und Sozialkassentarifverträgen oder von deren Allgemeinverbindlichkeit erfasst wird.

Die am Marktgeschehen beteiligten Akteure haben die Begrifflichkeiten Baugewerbe sowie Arbeiter versus Angestellte exakt zu definieren.

Bauhauptgewerbe versus Baunebengewerbe

In der geschäftlichen Praxis wird zwischen dem Bauhaupt- und dem Baunebengewerbe unterschieden.

Alle Betriebe, die dem Baunebengewerbe zugeordnet werden, können gewerbliches Leasingpersonal beschäftigen.

Beispiel:

Elektrohandwerksunternehmen dürfen bei Zeitarbeitsfirmen Elektriker nachfragen.

Hingegen sind Geschäftsbeziehungen zwischen Unternehmen des Bauhauptgewerbes und Zeitarbeitsfirmen strikt verboten, wenn es sich bei dem nachgefragten Personal um Arbeiterprofile handelt.

Beispiel:

Die Firma Otto Meyer Hoch- und Tiefbau GmbH & Co. KG benötigt für die Errichtung eines Einkaufscenters Maurer und Fliesenleger.

Woran erkennen Entscheidungsträger, ob die Einsatzbetriebe dem Bauhaupt- oder Baunebengewerbe zuzuordnen sind?

Alle Betriebe, die unter die Kategorie Bauhauptgewerbe fallen, müssen 1,0 Prozent ihrer Gesamtbruttolohnsumme als Umlage für das so genannte Winterausfallgeld entrichten.

Unser fiktives Unternehmen Otto Meyer GmbH & Co. KG gliedert sich in mehrere Betriebsabteilungen auf. Unter anderem wird zwischen der Baustellen- und Lagerabteilung differenziert. Für das große Lager auf dem Betriebsgelände werden Kommissionierer mit Gablerstaplerschein benötigt. Für diese Tätigkeiten dürfen Leasingkräfte eingesetzt werden, weil die zugewiesenen Arbeitsplätze nicht dem Bauhauptgewerbe zuzuordnen sind.
Achtung: Sobald der Auftraggeber im Rahmen seines Direktionsrechts den Leasingkräften aber andere Tätigkeiten außerhalb des Lagersektors zuweist, ist diese rechtssichere Grundlage nicht mehr gegeben. Stellen beispielsweise Zollprüfer der FKS (Finanzkontrolle Schwarzarbeit) im Rahmen ihrer obligatorischen Baustellenprüfung fest, dass die betreffenden Zeitarbeitnehmer auf der Großbaustelle (Einkaufszentrum) eingesetzt sind, werden nach der Sachverhaltsrecherche sowohl gegen die Verantwortlichen der Otto Meyer GmbH & Co. KG als auch gegen die personalverantwortlichen Entscheidungsträger des Zeitarbeitsunternehmens Bußgeldverfahren eingeleitet. Schlimmstenfalls droht dem Zeitarbeitsunternehmen dann der Widerruf der AÜG-Lizenz!

Arbeiter versus Angestellte

Die Baufirma Otto Meyer GmbH & Co. KG benötigt für das auf der Großbaustelle mit Containern eingerichtete Planungsbüro eine Sekretärin. Dieser Personaltransfer ist absolut gesetzeskonform, da es sich hier um eine Angestelltentätigkeit handelt. Darüber hinaus will die Baufirma von dem Personaldienstleister eine Servicekraft ordern, die die Bürocontainer putzt und säubert. Da entsprechende Reinigungstätigkeiten dagegen typischerweise von Arbeitern übernommen werden, muss dieser nachgefragte Personaleinsatz als illegal eingestuft werden.

Keine Liberalisierung durch die Hartz-Reform

Im Rahmen der arbeitsmarktpolitischen Diskussionen wird unter anderem die Behauptung aufgestellt, dass unter Bezugnahme auf die einschlägigen Tarifverträge die gewerbsmäßige Arbeitnehmerüberlassung in Betriebe des Bauhauptgewerbes zulässig sei.
Tatsächlich hat der Gesetzgeber die Hürden für die freigegebene legale Arbeitnehmerüberlassung in das Bauhauptgewerbe so hoch aufgehängt, dass die gesetzestechnischen Barrieren von den Marktbeteiligten nicht übersprungen werden können.
In den kommenden Jahren kann bei unveränderten Rahmenbedingungen (Tarifvertrags- und Arbeitnehmerentsendegesetz) weder mit der Allgemeinverbindlichkeitserklärung der Zeitarbeitstarifverträge noch mit der redaktionellen Zulässigkeitsklausel innerhalb der Zeitarbeits- und zugleich in den Bautarifverträgen gerechnet werden.

Der Aspekt der Arbeitssicherheit

Der Zeitarbeitnehmer erbringt seine Arbeitsleistung im Kundenbetrieb (also beim Entleiher). Da der Zeitarbeitnehmer voll in die Betriebsorganisation des Entleihers integriert wird, besteht damit das aktive Beschäftigungsverhältnis zwischen Entleiher und Zeitarbeitnehmer.
Beim Entleiher liegt also auch folgerichtig das Recht Arbeitsanweisungen zu geben.
Aufgrund der für das Leiharbeitsverhältnis charakteristischen Aufspaltung der Arbeitgeberfunktionen zwischen Personaldienstleister und Entleiher hat auch dieser eine eigenständige Fürsorgepflicht wahrzunehmen.

> Die eigentliche Durchführung des Arbeitsschutzes kann naturgemäß nur vom Entleiher wahrgenommen werden, während der Verleiher (Personaldienstleister) im Wesentlichen auf die Wahrnehmung von Kontroll- und Überwachungsaufgaben beschränkt ist.

Das AÜG legt hierzu in Paragraph 11 Abs. 6 Folgendes fest: *Die Tätigkeit des Leiharbeitnehmers bei dem Entleiher unterliegt den für den Betrieb des Entleihers geltenden öffentlich-rechtlichen Vorschriften des Arbeitsschutzrechts; die hieraus sich ergebenden Pflichten für den Arbeitgeber obliegen dem Entleiher unbeschadet der Pflichten des Verleihers. Insbesondere hat der Entleiher den Leiharbeitnehmer vor Beginn der Beschäftigung und bei Veränderungen in seinem Arbeitsbereich über Gefahren für Sicherheit und Gesundheit, denen er bei der Arbeit ausgesetzt sein kann, sowie über die Maßnahmen und Einrichtungen zur Abwendung dieser Gefahren zu unterrichten. Der Entleiher hat den Leiharbeitnehmer zusätzlich über die Notwendigkeit besonderer Qualifikationen oder beruflicher Fähigkeiten oder einer besonderen ärztlichen Überwachung sowie über erhöhte besondere Gefahren des Arbeitsplatzes zu unterrichten.*

Sicherheitstechnische Unterweisungen

Der Verleiher muss den Leiharbeitnehmer in den allgemeinen und tätigkeitsspezifischen Arbeitsschutzbestimmungen unterweisen, und zwar

- bei der Einstellung,
- danach in angemessenen Zeitabständen,
- mindestens jedoch einmal jährlich,
- oder auch aus gegebenem Anlass (z.B. bei einer Änderung der Tätigkeit oder bedingt durch einen Arbeitsunfall).

In diese Unterweisungen sind Erläuterungen der geltenden berufsgenossenschaftlichen Vorschriften (BGV) und der allgemein anerkannten sicherheitstechnischen und arbeitsmedizinischen Regeln einzubeziehen (§ 7 BGV A 1 – berufsgenossenschaftliche Vorschrift für Sicherheit und Gesundheit bei der Arbeit). Die Unterweisungen können auch durch Sicherheitslehrbriefe und einen schriftlichen Sicherheitstest ergänzt werden. Durchgeführte Unterweisungen sind nur dann einwandfrei nachweisbar, wenn sowohl Unterweisende als auch Unterwiesene den wesentlichen Inhalt der Unterweisungen schriftlich bestätigen und diese Bestätigungen z.B. in die Personalakten aufgenommen werden. Für diese Dokumentation kann auf das nachstehende Muster zurückgegriffen werden.

Muster einer Arbeitsschutzvereinbarung

Bestätigung über eine sicherheitstechnische Unterweisung (§ 7 Absatz 2 BGV A 1)
des Arbeitnehmers (Name, Vorname, Anschrift)

....

durch den Unterweisenden (Name, Vorname, Anschrift)

....

Der Mitarbeiter wurde am heutigen Tage durch den Unterweisenden entsprechend § 7 BGV A 1 in den allgemeinen und tätigkeitsspezifischen Arbeitsschutzbestimmungen unterwiesen.

In diese Unterweisung wurden Erläuterungen der geltenden Unfallverhütungsvorschriften und allgemein anerkannten sicherheitstechnischen und arbeitsmedizinischen Regeln einbezogen.

Die Unterweisung erfolgte

- ❑ anlässlich der Einstellung;
- ❑ als Folgeunterweisung;
- ❑ aus gegebenem Anlass und zwar

....

....

....

Ort, Datum

....

(Mitarbeiter)

....

(Unterweisender)

Zusätzlich zu den sicherheitstechnischen Unterweisungen der Leiharbeitnehmer, die der Verleiher oder seine Beauftragten vorzunehmen haben, muss der Verleiher den Entleiher im Arbeitnehmerüberlassungsvertrag verpflichten, dass dieser die Leiharbeitnehmer vor Beginn ihrer Tätigkeiten ausreichend und angemessen über die spezifischen Gefahren ihres Tätigkeitsortes (Arbeitsplatz oder Aufgabenbereich) sowie umfassend über die Maßnahmen zu deren Abwendung unterweist (§§ 3, 11 und 12 AÜG, § 12 ArbSchG, § 7 BGV A 1).

1.3 Die Beziehung zwischen Zeitarbeitsunternehmen und der Bundesagentur für Arbeit (BA)

Erlaubnisurkunde durch die Bundesagentur für Arbeit

> Jeder Personaldienstleister muss für seine selbstständigen Gewerbeaktivitäten die behördliche Genehmigung vorweisen können.

Frühestens nach 3 Jahren beanstandungsloser Aktivitäten wird die Erlaubnis zeitlich unbegrenzt erteilt.
Zuständig für die „Betreuung" der Zeitarbeitsfirmen seitens der Bundesagentur für Arbeit (BA) sind die Regionaldirektionen (vormals als Landesarbeitsämter bezeichnet).

Umfängliche Zuverlässigkeitsprüfungen

Existenzgründer mit der „Geschäftsidee" Zeitarbeit haben sehr viele Unterlagen aufzubereiten und einzureichen:

- Gesellschaftsvertrag
- Führungszeugnis
- Auskunft aus dem Gewerbezentralregister
- Handelsregisterauszug
- Bescheinigung der Krankenkasse
- Erklärung des Finanzamtes
- Bescheinigung der Berufsgenossenschaft
- Nachweis liquider Mittel

- Arbeitsvertragsmuster
- Überlassungsvertragsmuster

Diese Unterlagen sind auch im Rahmen der Verlängerungsanträge von aktiven Personaldienstleistern hinsichtlich der zunächst auf 1 Jahr befristeten Erlaubnisurkunden vorzulegen.

Einhaltung rechtlicher Vorschriften

Die BA als Erlaubnisbehörde soll prüfen, inwieweit die Zeitarbeitsunternehmen das Spektrum rechtlicher Vorschriften aus den Sphären des Sozialversicherungs-, Arbeitsförderungs- und Arbeitsschutzrechts sowie global die arbeitsrechtlichen Pflichten einhalten. Im Rahmen so genannter Auskunftsersuchen der ehemaligen Landesarbeitsämter wurden in der Vergangenheit die Personalakten der Leiharbeitnehmer eingesehen. Vor dem Hintergrund der subjektiven Rechtsauffassung der Prüfbeamten kam es hier häufig zu Beanstandungen, die in der Regel im Widerspruch zu den Arbeitgeberpositionen standen.
In Bezug auf den sich hier abzeichnenden systemimmanten Rollenkonflikt lautet die Durchführungsanweisung der BA (Stand: Januar 2004):

> *„Die BA ist Erlaubnisbehörde und nicht Instanz arbeitsrechtlicher Entscheidungsfindung. Deshalb soll sich die Vorgehensweise hinsichtlich arbeitsrechtlicher Beanstandungen gegenüber Verleihern auf solche Punkte erstrecken, denen gesicherte Rechtspositionen zugrunde liegen.“*

Prüfungsverfahren der BA

Die Bundesagentur für Arbeit kann aktive Zeitarbeitsunternehmen einer Prüfung unterziehen. Hier bestehen folgende Weisungen:

- Auskunftserteilung und Aktenvorlage dienen der Feststellung, ob die Arbeitnehmerüberlassung in Einklang mit den gesetzlichen Vorschriften erfolgt.
- Mindestens vor der ersten Verlängerung und vor Erteilung der unbefristeten Erlaubnis sollten Auskünfte eingeholt und Unterlagen geprüft werden.

- Die Unterlagen sollten, wenn der Verleiher einverstanden ist, regelmäßig in seinen Geschäftsräumen vorgelegt werden.
- Die BA braucht ihr Auskunftsverlangen nicht zu begründen.
- Ein Betretungs- und Prüfungsrecht („behördliche Nachschau") besteht nur in begründeten Einzelfällen, z.B. wenn eine Beschwerde vorliegt oder früher Beanstandungen erfolgten.
- Die Ausübung des Nachschaurechtes setzt kein vorgeschaltetes Auskunftsverlangen voraus.
- Verleiher mit einer befristeten Erlaubnis werden keine Verlängerung ihrer Erlaubnis erhalten, wenn sie sich weigern, ihre Geschäftsräume besichtigen zu lassen

Entzug der Erlaubnisurkunde (gewerberechtlichen Lizenz)

Bei gravierenden Beanstandungen und negativer Zukunftsprognose kann dem Zeitarbeitsunternehmen die Erlaubnisurkunde entzogen werden. Bei „normalen" Fehlern in den Personalbüros („Back-Office") wie z.B. einer durch Rundungsfehler bedingten unkorrekten Urlaubsabgeltung droht dies selbstverständlich nicht.
Hier gibt es ein abgestuftes „Szenario" über Hinweise (im Rahmen eines Prüfberichtes) bis hin zu gewerberechtlichen Auflagen (unter Beachtung des § 5 AÜG und den Grundsätzen des Verwaltungsverfahrensgesetzes).

Statistische Meldungen

Jedes Zeitarbeitsunternehmen hat halbjährlich zu den Stichtagen 28.02. und 31.08. auf entsprechenden Behördenformularen Datenmaterial zu liefern, das ausgewertet und der Öffentlichkeit zugänglich gemacht wird.

Abgrenzung zur illegalen Arbeitnehmerüberlassung

Von illegaler (unerlaubter) Arbeitnehmerüberlassung sprechen die Behörden (insbesondere die Arbeitsverwaltung sowie die Zollverwaltung / FKS – Finanzkontrolle Schwarzar-

beit der Oberfinanzdirektion Köln) in den Fällen, wo Fremdpersonal in Betrieben oder auf Baustellen beschäftigt wird, ohne dass der Vertragsarbeitgeber die erforderliche AÜG-Erlaubnis besitzt.
Die betreffenden Fremdarbeitnehmer können dann weder als Erfüllungsgehilfen im Sinne des Werkvertragsrechts (siehe Kap. 1.6) noch als selbstständige (Sub-)Subunternehmer (so genannte „Ich-AG") im Sinne abgrenzbarer eigenverantwortlicher projektmäßiger Arbeiten „dingfest" gemacht werden.

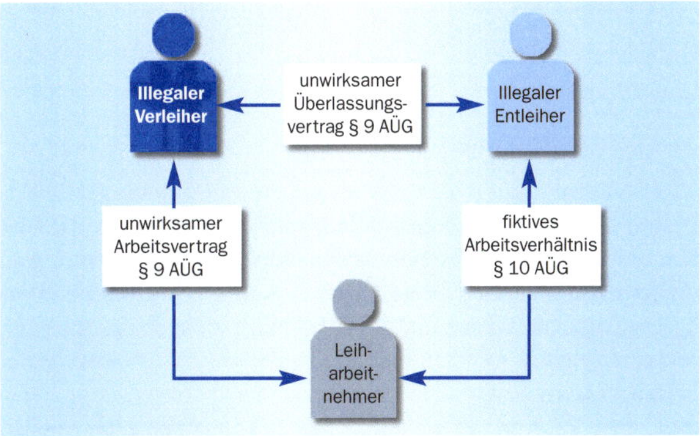

Sachverhalt der illegalen Arbeitnehmerüberlassung

Bußgeldkatalog

Zeitarbeitsunternehmen, die sich Ordnungswidrigkeiten zuschulden kommen lassen, drohen zum Teil drastische Strafen (§ 16 AÜG / §§ 404 SGB III u. § 5 AEntG).

Illegale Ausländerbeschäftigung (siehe Seite 16)	500.000 EUR
Unterschreitung des Mindestlohns nach AEntG (siehe Kap. 1.7)	500.000 EUR
ANÜ-Überlassung ohne AÜG-Erlaubnis	25.000 EUR

Überlassung ins Bauhauptgewerbe (siehe Seite 18)	25.000 EUR
Auflage nicht eingehalten	2.500 EUR
Falsche Arbeitsbescheinigung (§ 312 SGB III)	1.500 EUR
Auskunft nicht korrekt erteilt	500 EUR
Aufbewahrungspflicht verletzt	500 EUR
Statistische Meldung nicht korrekt erteilt	500 EUR
Prüfungsmaßnahmen nicht geduldet	500 EUR
Verletzung von Pflichten nach § 11 AÜG	500 EUR

1.4 Arbeitsvermittlung versus Arbeitnehmerüberlassung

Während mit dem Abschluss zwischen arbeitssuchendem Arbeitnehmer und dem vermittelten neuen Arbeitgeber die Geschäftsbeziehung zwischen Arbeitsvermittlungs-Agentur und Arbeitnehmer endet, besteht das Anstellungsverhältnis zwischen Zeitarbeitsfirma und Zeitarbeitnehmer auch dann weiter, wenn er gerade nicht in einem Kundeneinsatz produktiv beschäftigt wird.
Bis Mitte 1994 besaß die Bundesanstalt für Arbeit das alleinige „Vermittlungsmonopol" von Arbeitskräften. Aus dieser Zeit stammt die Regelung in § 1 Abs. 2 AÜG, die unzulässige Arbeitsvermittlung aufdecken sollte und von Juristen als Vermittlungsvermutung bezeichnet wird:

> *„Werden Arbeitnehmer Dritten zur Arbeitsleistung überlassen und übernimmt der Überlassende nicht die üblichen Arbeitgeberpflichten oder das Arbeitgeberrisiko* [Lohnfortzahlung, auch wenn keine Einsatzmöglichkeit für den Mitarbeiter besteht] *(§ 3 Abs. 1 Nr. 1 – 3), so wird vermutet, dass der Überlassende Arbeitsvermittlung betreibt."*

Da heute der Arbeitsvermittlungsmarkt auch privaten Anbietern offen steht, greift diese Regelung nicht mehr: Weder muss die

Zeitarbeitsfirma, die Arbeitsvermittlung betreibt, Sanktionen durch die Erlaubnisbehörde fürchten, noch kann der Arbeitnehmer eine Festanstellung beim Kundenbetrieb einklagen.
Nach § 35 Sozialgesetzbuch III (SGB III) Absatz 1 ist Arbeitsvermittlung folgendermaßen definiert:

> *„Die Agentur für Arbeit hat Ausbildungsuchenden, Arbeitsuchenden und Arbeitgebern Ausbildungsvermittlung und Arbeitsvermittlung (Vermittlung) anzubieten. Die Vermittlung umfasst alle Tätigkeiten, die darauf gerichtet sind, Ausbildungsuchende mit Arbeitgebern zur Begründung eines Ausbildungsverhältnisses und Arbeitsuchende mit Arbeitgebern zur Begründung eines Beschäftigungsverhältnisses zusammenzuführen."*

Die privaten Personal- und Arbeitsvermittler haben eigene Qualitätsstandards entwickelt (siehe: http://www.bildungsverband-online.de/qualitaetsstandards.htm)

Vermittlungshonorar für die Übernahme von Zeitarbeitnehmern

Nach jahrelangen Diskussionen und Meinungsverschiedenheiten in Expertenkreisen hat der Gesetzgeber an anderer Stelle im AÜG ein klares Zeichen gesetzt.
Werden Zeitarbeitnehmer von Kundenfirmen übernommen, können die Zeitarbeitsfirmen den Entleihern in angemessener Höhe Vermittlungshonorare in Rechnung stellen.
Für diesen Fall ist für Leiharbeitnehmer wichtig zu wissen:

> Es ist gesetzlich verboten, den Arbeitnehmern die Zahlung der Vermittlungshonorare abzuverlangen.

Vermittlungsgutscheine

Seit März 2002 stellen die Arbeitsagenturen Vermittlungsgutscheine aus. Über den Vermittlungsgutschein können Arbeitslosengeldempfänger auch die Vermittlungsbemühungen privater Arbeitsvermittler in Anspruch nehmen. Die Prämie erhält der Arbeitsvermittler, wenn die arbeitsuchenden Arbeitnehmer

(ALG-Empfänger) in sozialversicherungspflichtige Beschäftigung vermittelt werden, die eine Arbeitszeit von mindestens 15 Wochenstunden umfasst.
Die Erprobung der Vermittlungsgutscheine wird bis zum 31.12.2006 verlängert. Der Anspruch auf Ausstellung eines VGS entsteht seit dem 01.01.2005 nach 6-wöchiger Arbeitslosigkeit. Der Gutschein wird in Höhe von 2.000 EUR ausgestellt und in zwei Raten ausgezahlt.

Zeitarbeit als Sprungbrett

Ob die Praxis der Vermittlungsgutscheine als arbeitsmarktpolitisches Instrument nachhaltig Wirkung zeigt, darf bezweifelt werden. Insbesondere haben sich folgende Möglichkeiten des Missbrauchs herausgestellt:

- Scheinvermittlung: Ein Arbeitgeber, der sich bereits für einen Arbeitnehmer entschieden hat, rekrutiert diesen pro forma über einen Vermittler, mit dem er sich die Prämie teilt.
- Scheinarbeitsverhältnis: Die Beschäftigung wird vertraglich zeitlich befristet. Ist das Geld geflossen, erfolgt die Kündigung. Der Gekündigte meldet sich wieder arbeitslos.
- Scheinvermittler: Der Arbeitgeber rekrutiert seine Arbeitnehmer über eine ihm gehörende Agentur.

1.5 Die Rolle der Personal-Service-Agenturen (PSA)

Konzeption und Ziele der PSA

Über Personal-Service-Agenturen (PSA) sollen Arbeitslose in einem angebotsorientierten Arbeitsmarkt über den Weg der Zeitarbeit in dauerhafte Beschäftigung gebracht werden.
Im Klartext: Die PSA überlassen Arbeitslose an Firmen (Entleiher) unter dem Motto: *„Abwerbung ist ausdrücklich gewollt!“*.
Hier steht also nicht wie in der klassischen Zeitarbeit die Arbeitnehmerüberlassung im Vordergrund, sondern die schnellstmögliche Übernahme durch die Beschäftigungsbetriebe.
Die verleihfreien Zeiten sollen dazu genutzt werden, die Chancen der PSA-Arbeitnehmer auf Integration zu verbessern. Idealerweise geschieht dies durch folgende Maßnahmen:

- Kurzqualifikationen
- Individuelles Coaching
- Trainingsmaßnahmen
- Unterstützung bei der Jobsuche

Die Arbeitnehmer schließen mit den PSA zeitlich auf neun bis zwölf Monate befristete Arbeitsverträge ab. Die Einsätze in den Beschäftigungsbetrieben werden während der Laufzeit der Arbeitsverträge so lange wiederholt, bis der angestrebte „Klebeeffekt“ eingetreten ist.

„Herzstück“ der Hartz-Kommission

Die PSA galten als herausragendes Instrument der Arbeitsmarktpolitik der Bundesregierung und waren seinerzeit das „Herzstück“ der Hartz-Kommission. Man war im Jahr 2002 davon ausgegangen, dass bis Ende 2005 rund 200.000 PSA-Leiharbeitnehmer in andere Unternehmen vermittelt würden. Im Kalenderjahr 2003 sind aber lediglich 6.500 Arbeitnehmer in den ersten Arbeitsmarkt integriert worden.

Die PSA werden nicht direkt von den Arbeitsagenturen betrieben, sondern sind organisatorisch eigenständige Betriebe bzw. Abteilungen der jeweiligen Träger. Etliche Organisationseinheiten wurden auch rechtlich verselbstständigt. Träger der PSA sind:

- Regional und überregional tätige Bildungsträger
- National und international tätige große Zeitarbeitsfirmen
- Regionale Zeitarbeitsfirmen
- Sonstige Dienstleistungsunternehmen

Für jeden Arbeitnehmer, den die PSA beschäftigen, zahlt die Arbeitsagentur einen monatlichen Zuschuss bis zu 1.500 EUR, je nachdem, was im Rahmen des Vergabeverfahrens zwischen Arbeitsagentur und PSA ausgehandelt wurde. Nach drei Monaten wird dieser Zuschuss um ein Viertel gekürzt, nach weiteren drei Monaten nochmals um ein Viertel.

Wer steckt hinter den PSA?

Im Rahmen eines öffentlichen Ausschreibungsverfahrens wurden bundesweit knapp 1.000 Lose vergeben. Bei der Vergabe der PSA-Lizenzen erhielt beispielsweise Maatwerk, die deutsche Tochter einer niederländischen Gesellschaft, für bundesweit 213 Lose den Zuschlag. Maatwerk soll der günstigste Bewerber gewesen sein, weil er erheblich weniger Prämie vom Arbeitsamt verlangte als seine Konkurrenten.
Eigentlich sollten im Rahmen der Lizenzvergabe Qualitätskriterien und die Konzepte der Bewerber maßgebend sein. In der

Praxis ging es den Arbeitsagenturen aber vor allem um die Höhe der Prämie, die bei Anstellung eines Arbeitsuchenden monatlich fällig wird und die mit den Lizenzanwärtern jeweils individuell ausgehandelt wurde. Sie variiert also nicht nur von Agentur zu Agentur, auch die Profile der PSA-Arbeitnehmer sind völlig unterschiedlich definiert. So bekommt eine PSA pro Kopf zwar im Mittel 1.000 Euro vom Arbeitsamt, für eine Hilfskraft beispielsweise aber nur 325 Euro, hingegen für eine qualifizierte Kraft wesentlich mehr.

PSA – ein Auslaufmodell?

Am 15.02.2004 musste Maatwerk Insolvenz anmelden. Es fehlte nicht nur an Erfahrung mit dem klassischen Zeitarbeitsgeschäft, es fehlten auch tragfähige Kontakte zur regionalen Wirtschaft. Von der Insolvenz dieser größten PSA waren rund 10.000 Menschen betroffen.
In vielen anderen Einzelfällen sind Mitnahmeeffekte und Missbrauch zu beobachten. So fand das Institut für Arbeitsmarkt- und Berufsforschung (IAB) beispielsweise heraus, dass viele PSA Arbeitssuchende zum Monatsende einstellten und zum Monatsbeginn wieder entließen, um so den Anspruch auf zwei Fallpauschalen zu erwerben.
Mehrere hundert Millionen Euro an Haushaltsmitteln der Bundesanstalt für Arbeit sind bereits als Subventionen an die PSA geflossen. Bis Ende 2004 konnten aber lediglich 30.000 Austritte in sozialversicherungspflichtige Beschäftigung registriert werden. Aber handelt es sich hier wirklich um dauerhafte Integration auf Vollzeitniveau? Den Insidern und Marktbeteiligten ist es hinreichend bekannt, dass viele über PSA integrierte Arbeitnehmer nach kurzer Beschäftigungsperiode wieder als Kunde bei der Arbeitsverwaltung vorstellig werden.
Zudem drängen PSA-Arbeitnehmer die konventionellen Zeitarbeitnehmer insbesondere im Helferbereich aus den Beschäftigungsbetrieben direkt in die Arbeitslosigkeit (Drehtüreffekt). Durch die Subventionen der Arbeitsagenturen können die PSA-Arbeitnehmer den Arbeitgebern nämlich zu erheblich

günstigeren Konditionen angeboten werden als klassische Zeitarbeitnehmer. In der Startphase von PSA sind Angebote „zum Null-Tarif“ bis hin zu „zwei Helfer zum Preis für einen“ keine Seltenheit.
Die Alternative zur Konkurrenz zwischen PSA und klassischer Zeitarbeit scheint in transparenten Förderrichtlinien für *alle* marktbeteiligten Zeitarbeitsunternehmen zu liegen. Denn mit dem Werkzeug der Zeitarbeit eine aktive Arbeitsmarktpolitik zu betreiben, ist nach wie vor eine wichtige und richtige Erkenntnis.

1.6 Zeitarbeit versus Werkvertrag

Während im Rahmen der Arbeitnehmerüberlassung der Entleihbetrieb den Einsatz des Fremdarbeitnehmers steuert, werden im Rahmen von Werkverträgen mehr oder weniger komplexe innerbetriebliche Arbeitsbereiche zur selbstständigen Abwicklung an Fremdfirmen (Lieferanten) vergeben. Die Arbeits- und Produktionsabläufe, die der Lieferant eigenverantwortlich organisieren soll, sind dabei eng mit dem gesamten Produktionsprozess verzahnt.
Bei werkvertraglichen Mitarbeitereinsätzen verbleibt das arbeitsrechtliche Weisungsrecht beim Lieferanten (Subunternehmer), wohingegen bei Einsätzen auf Grundlage des AÜG der Einsatzbetrieb die Personalhoheit über den Zeitarbeitnehmer hat.
Die Geschäftsbeziehungen auf Basis von Werkverträgen definieren sich nach den Vorgaben des Bürgerlichen Gesetzbuches (BGB). Der Subunternehmer (Lieferant) verpflichtet sich zur abgesprochenen Herstellung des Werkes (§ 631 Abs. 1 BGB). Der Auftraggeber kann den Leistungserfolg also beim Lieferanten einklagen.
Gegenstand eines Werkvertrages kann dabei die Herstellung oder Veränderung einer Sache oder ein anderer durch Arbeit oder Dienstleistung herbeizuführender Erfolg sein (§ 631 Abs. 2 BGB).

Zeitarbeit	Werkvertrag
Auftraggeber als Entleiher von Arbeitskräften schließt	Auftraggeber als Abnehmer einer Leistung schließt
Arbeitnehmerüberlassungsvertrag	Werkvertrag
mit Zeitarbeitsunternehmen	mit Lieferanten (Subunternehmer)
Die ausführende Kraft ist Leiharbeitnehmer und untersteht der Weisungsbefugnis des Einsatzbetriebes.	Die ausführende Kraft ist Erfüllungsgehilfe und untersteht der Weisungsbefugnis des Subunternehmers.
Die Verantwortlichkeit für das Ergebnis liegt beim Einsatzbetrieb.	**Die Verantwortlichkeit für das Ergebnis liegt beim Subunternehmer.**

Strategisches Ausgliedern von Arbeits- und/oder Fertigungsprozessen über Zeitarbeit und Werkvertrag

Charakteristisch für den Werkvertrag sind daher folgende Elemente:

- Abnahme (§ 640 BGB)
- Gefahrtragung (§ 644 BGB)
- Gewährleistung (§§ 633 ff. BGB)

Das Zeitarbeitsgeschäft hat demgegenüber folgende Spielregel: Die Verpflichtung des Zeitarbeitsunternehmens besteht vom Kern her ausschließlich darin, dem Auftraggeber (Entleiher) für eine bestimmte Zeit einen oder mehrere Leiharbeitnehmer zu überlassen.
Da das Zeitarbeitsunternehmen die Tätigkeiten seiner externen Mitarbeiter im Kundenunternehmen weder organisiert, lenkt

noch überwacht, kann es somit auch nicht verpflichtet sein, im Verlaufe des Kundeneinsatzes einen bestimmten Leistungserfolg herbeizuführen. Deshalb treffen die Zeitarbeitsunternehmen auch keine Gewährleistungspflichten, wenn die Arbeiten schlecht ausgeführt werden oder das Werk misslingt (siehe auch Seite 97).

Während sich Zeitarbeitsunternehmen lediglich verpflichten dem Auftraggeber (Entleiher) Arbeitskräfte zu Verfügung zu stellen, kann der Auftraggeber (Leistungsabnehmer) im Rahmen des Werkvertrages den Leistungserfolg einklagen.

Problematische Abgrenzung

Soweit die Theorie – in der geschäftlichen Praxis der letzten Jahre vermischen sich allerdings zunehmend die projekttechnischen werkvertraglichen mit den personaldienstleistungsorientierten Elementen.

Die Experten sprechen hier von so genannten atypischen (Werk-)Vertragsgestaltungen. Beispielsweise handelt es sich bei den grundlegenden Sekretariatsarbeiten wie Besucherempfang, Anrufweiterleitung, Vorsortieren der Post und Weiterleitung an die entsprechenden Empfänger, Durchführung des monatlichen Kassenabschlusses, Ablage und Archivierung, Pflegen von Computerdateien etc. im Grunde um Dienstleistungen.

Ob die zur Verügungstellung entsprechender Arbeitskräfte dann im Rahmen eines Personaldienstleistungsvertrages oder eines Werkvertrages geregelt wird, müssen die Vertragspartner fixieren.

Der Gesetzgeber erklärt weder im AÜG noch im BGB die harten und/oder weichen Abgrenzungskriterien zwischen Werk-/Dienstverträgen einerseits und Überlassungsverträgen andererseits. Daher hat sich hier ab Mitte der Achtzigerjahre eine gigantische Rechtsprechung entwickelt. Die Kernaussagen der arbeitsgerichtlichen Rechtsprechung lauten wie folgt:

„Arbeitnehmerüberlassung liegt vor, wenn der Verleiher dem Entleiher Arbeitskräfte zur Verfügung stellt, die voll in den Betrieb des Entleihers eingegliedert sind und ihre Arbeit allein nach dessen Weisungen ausführen. Der Entleiher setzt die Leiharbeitnehmer nach seinen Vorstellungen und Zielen in seinem Betrieb wie seine eigenen Arbeitnehmer ein. Die Vertragspflicht des Verleihers gegenüber dem Entleiher endet, wenn er den Arbeitnehmer ausgewählt und dem Entleiher zur Arbeitsleistung zur Verfügung gestellt hat. Er haftet nur für Verschulden bei der Auswahl des verliehenen Arbeitnehmers.

Im Gegensatz dazu wird beim Werk- und Dienstvertrag ein Unternehmer für einen anderen tätig. Er organisiert die zur Erreichung eines wirtschaftlichen Erfolges notwendigen Handlungen nach eigenen betrieblichen Voraussetzungen. Für die Erfüllung der vertraglichen Dienste und des vertraglich geschuldeten Werks bleibt er seinem Auftraggeber verantwortlich. Die zur Ausführung der vertraglich geschuldeten Leistung eingesetzten Arbeitnehmer unterliegen als Erfüllungsgehilfen des Werkunternehmers dessen Weisungsbefugnis.

Der Werkbesteller kann dem Werkunternehmer oder dessen Erfüllungsgehilfen lediglich solche Anweisungen geben, die sich auf die Ausführung des Werkes beziehen (§ 645 Abs. 1 S. 1 BGB).

Maßgeblich für die rechtliche Einordnung der jeweiligen Verträge ist weder die von den Personen gewünschte Rechtsfolge noch die von ihnen gewählte Bezeichnung, sondern der wirkliche Geschäftsinhalt. Dieser kann sich sowohl aus ausdrücklichen Vereinbarungen als auch aus der praktischen Durchführung des Vertrags ergeben. Widersprechen sich beide, so ist die tatsächliche Vertragsausführung maßgeblich, weil die Vertragspraxis zuverlässige Rückschlüsse auf das zwischen den Parteien wirklich Gewollte erlaubt."

(Bundesarbeitsgericht – BAG – vom 13.05.1992, Aktenzeichen 7 AZR 284/91, BAG vom 22.06.1994, Aktenzeichen 7 AZR 506/93, BAG vom 06.08.2003, Aktenzeichen 7 AZR 180/03)

Bis Ende 2003 lag die Haupttriebfeder der Geschäftspartner, das Personal auf Grundlage von Werkverträgen zu transferieren, in den restriktiven alten AÜG-technischen Limitierungen, allen voran in der Begrenzung der maximalen ununterbrochnen Überlassungsdauer.

Die Motive der Vertragspartner, Personaldienstleistungen im Rahmen von Werkvertägen zu regeln, sind vorwiegend:

Aus Verleihersicht	Aus Entleihersicht
◆ Umgehung des „Equal Treatments“ (siehe Seite 9) sowie des „Tarifzwangs“ (siehe Seite 12) ◆ Umgehung des sektoralen Verbots der Arbeitnehmerüberlassung in das Baugewerbe (siehe Seite 18)	◆ Umgehung der Mitbestimmungsrechte des Betriebsrates (BR) nach § 99 BetrVG (Betriebsverfassungsgesetz) und § 14 Abs. 3 AÜG (siehe Seite 115) ◆ Kosteneinsparung und Vermeidung des Arbeitgeberrisikos, („Lean Production“ und „Outsourcing“)

Das Unternehmerrisiko beim Werkvertrag besteht für den Auftragnehmer (Verleiher) darin, dass er für die Leistungserstellung verantwortlich ist und bei Mängeln haftbar gemacht werden kann. Der Aufraggeber (Entleiher) sollte sich fragen, ob der Verleiher tatsächlich über die erforderliche Fachkompetenz verfügt.

Scheinwerkvertrag

Handelt es sich um einen Scheinwerkvertrag, bestehen folgende Risiken:

Scheinwerkvertrag mit AÜG-Lizenz des Verleihers

- Grundsätzlich gehen Arbeitsvertragsgestaltung und Entleiherkontrakt nicht mit den Arbeitnehmerüberlassungsgesetz konform (§§ 11 u. 12 AÜG).

- Die Zeitarbeitstarifverträge werden umgangen. Dieser Punkt ist besonders kritisch aus Sicht des Verleihers. Um die Nachfrage nach Billigarbeitskräften zu befriedigen, sind Zeitarbeitnehmer mit Tarifkonditionen zu teuer. Der Transfer über Werkvertrag erscheint dann vielfach als vermeintlich legale Umgehung des AÜG. Die Arbeitnehmer werden häufig weder zu Equal-Treatment-Konditionen (siehe Kap. 1.2) noch mit Bezugnahme auf Zeitarbeitstarifverträge beschäftigt. Sollte der Tatbestand des Scheinwerkvertrages erfüllt sein, haben die Arbeitnehmer Anspruch auf Gleichbehandlung.

  Die AÜG-Erlaubnis des Verleihers ist die formaljuristische Absicherung für den Auftraggeber (Entleiher). Stellt sich heraus, dass die Geschäftsbeziehung tatsächlich Arbeitnehmerüberlassung beinhaltet, kann dem Auftraggeber auch bei Scheinwerkvertrag keine illegale Geschäftsbeziehung unterstellt werden. Insbesondere können die Fremdarbeitnehmer sich nicht in den Kundenbetrieb einklagen.
- Illegale Ausländerbeschäftigung: Sollten die ausländischen Arbeitnehmer nicht den erforderlichen Status für die Beschäftigung als Leiharbeitnehmer, also lediglich eine Aufenthaltserlaubnis besitzen (siehe Seite 16), drohen Ver- und Entleiher Bußgelder bis zu 500.000 EUR für
- Bausektor: Werkvertragliche Geschäftsbeziehungen zu Unternehmen des Bauhauptgewerbes sind legal. Bei Scheinwerkvertrag liegt automatisch der Tatbestand der illegalen ANÜ nach § 1 b AÜG vor. Folge: Bußgeldtatbestand und Gewinnabschöpfung.
- Subsidiärhaftung für Auftrageber: Im Falle eines Scheinwerkvertrages haftet der Auftraggeber für die nicht gezahlten Sozialversicherungsabgaben als Drittschuldner.

Schein-Werkvertrag ohne AÜG-Lizenz des Verleihers

Dies ist die klassische Form illegaler Beschäftigung. Für beide Geschäftsparteien kann das hohe Bußgeldforderungen über die so genannte Gewinnabschöpfung nach sich ziehen.

Haben die ausländischen Arbeitnehmer keine erforderliche Arbeitsgenehmigung und werden zu deutlich schlechteren Bedingungen als die Stammarbeitskräfte beschäftigt, droht den Verantwortlichen sogar eine Freiheitsstrafe.
Die Subsidiärhaftung wird um den Aspekt der Lohnsteuerhaftung erweitert.
Die Fremdarbeitnehmer sind faktisch die Arbeitnehmer des Entleihers (fingiertes Arbeitsverhältnis über §§ 9 und 10 AÜG).
Die Auftraggeber werden bei der Vergabe öffentlicher Aufträge in den Ausschreibungen nicht mehr berücksichtigt.

Outsourcing über Werkverträge – Kombimodell

Zeitarbeitsunternehmen entwickeln häufig folgendes strategische Modell, um Kunden das Outsourcing von Betriebsteilen über Werkverträge möglich zu machen:

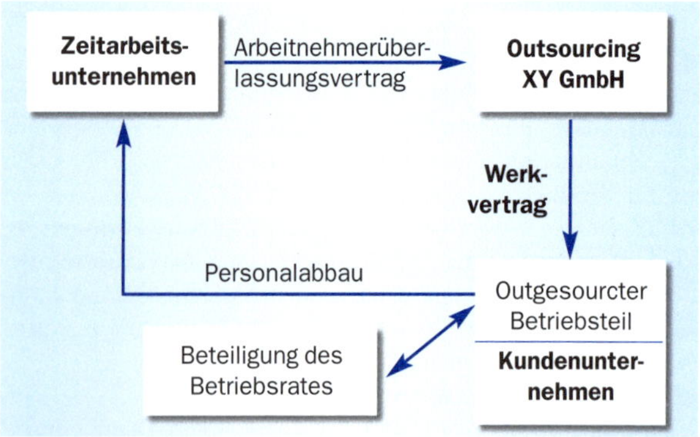

Outsourcing über Werkverträge

Die Zeitarbeitsfirma gründet ein gesondertes Unternehmen (Outsourcing XY GmbH), um das jenseits ihres eigentlichen Kerngeschäfts in Werkverträgen liegende Unternehmerrisiko zu verringern. Dem eigentlichen Personaltransfer zwischen

Zeitarbeitsunternehmen und Auftraggeber auf Basis eines Werkvertrages ist dann die neu gegründete Outsourcing GmbH vorgeschaltet, in die ehemalige Mitarbeiter des outgesourcten Betriebsteils des Kundenunternehmens überwechseln. Vielfach beteiligt sich der Auftraggeber auch an der Outsourcing GmbH als Gesellschafter.
Sofern die Auftraggeber einen kompletten Betriebsteil an eine Zeitarbeitsfirma outsourcen und die bislang in diesem Betriebsteil beschäftigten Arbeitnehmer zum Arbeitgeberwechsel überzeugen können, die bisherigen Stammbeschäftigten also auf die Pay-Role der Zeitarbeitsfirma kommen, haben die Projektverantwortlichen in ganz besonderem Maße die arbeitsrechtlichen Risiken des § 613 a BGB, den so genannten Betriebsübergang, zu beachten.

1.7 Zeitarbeit in der Europäischen Union

Dienstleistungsfreiheit

In den Mitgliedsländern der Europäischen Union existieren unterschiedliche Rahmenbedingungen für die unternehmerische Betätigung als Personaldienstleister.
So sind beispielsweise in Dänemark, Niederlande und Großbritannien keine gewerberechtlichen Lizenzverfahren Voraussetzung. Umgekehrt benötigen dänische, niederländische oder britische Zeitarbeitsunternehmen die deutsche AÜG-Erlaubnis, wenn sie direkt an Unternehmen Personal überlassen, welches an Arbeitsplätzen oder Baustellen eingesetzt wird, die geografisch in Deutschland angesiedelt sind.
Die aus den europäischen Mitgliedsländern für Kundeneinsätze nach Deutschland entsandten Arbeitnehmer haben, wie die deutschen Leasingkräfte auch, Anspruch auf die arbeitsrechtliche Gleichstellung hinsichtlich der wesentlichen Arbeitsbedingungen im Vergleich zu den Stammbeschäftigten.
Vor diesem Hintergrund haben etliche französische Zeitarbeitsunternehmen (mit deutscher AÜG-Erlaubnis) einen be-

sonderen Zeitarbeitstarifvertrag mit den DGB-Gewerkschaften Industriegewerkschaft Bergbau, Chemie, Energie (IG BCE) und der Dienstleistungsgewerkschaft ver.di abgeschlossen, dessenTarifregelungen immer dann greifen, wenn französische Zeitarbeitnehmer in in Deutschland ansässigen Kundenbetrieben eingesetzt werden.
Deutsche Zeitarbeitsunternehmen, die ihre externen Mitarbeiter direkt an österreichische Firmen überlassen wollen, benötigen den sog. österreichischen „Gleichhaltungs-Bescheid". Für die aktive Beschäftigungsdauer der aus Deutschland nach Österreich entsandten Arbeitnehmer gelten die Bestimmungen des österreichischen Arbeitskräfteüberlassungsgesetzes.

> Im Rahmen des internationalen Personaltransfers gelten immer die zwingenden arbeits- und gewerberechtlichen Bestimmungen des jeweiligen Tätigkeitsstaates.

Der Richtlinienvorschlag der EU-Kommission über Arbeitsbedingungen von Leiharbeitern (Fassung vom 28.11.2002) formuliert in Artikel 5 diesen Grundsatz der Nichtdiskriminierung folgendermaßen:

> *„Die wesentlichen Arbeits- und Beschäftigungsbedingungen der Leiharbeitnehmer entsprechen während der Dauer ihrer Überlassung an ein entleihendes Unternehmen mindestens denjenigen, die für sie gelten würden, wenn sie von dem genannten Unternehmen unmittelbar für den gleichen Arbeitsplatz eingestellt worden wären."*

Die „wesentlichen Arbeits- und Beschäftigungsbedingungen" betreffen dabei Dauer der Arbeit (Überstunden, Pausen, Ruhezeiten), Nachtarbeit, bezahlten Urlaub und arbeitsfreie Tage.
Die von der Europäischen Kommission geplante umfassende EU-Dienstleistungsrichtlinie sieht unter anderem vor, dass Zeitarbeitsunternehmen, die in ihrem Ansässigkeitsstaat keine gewerberechtliche Erlaubnis benötigen, ihre Dienstleistungen auch im jeweiligen Tätigkeitsstaat ohne Behinderung und Sanktionen erlaubnisfrei anbieten dürfen. Dies trifft auf massiven Widerstand der deutschen Zeitarbeitsverbände.

Zwei gegensätzliche Modelle

Im Rahmen der länderübergreifenden Arbeitnehmerüberlassung haben sich zwei grundlegend unterschiedliche Regelungen herausgebildet.

Arbeitgebermodell

In diesem Fall trägt die entsendende Zeitarbeitsfirma das Arbeitgeberrisiko. Auch wenn die Mitarbeiter nicht in den Kundenbetrieben des jeweiligen Einsatzlandes beschäftigt werden, bleibt das Arbeitsverhältnis in vollem Umfange bestehen und das vereinbarte Arbeitsentgelt muss weitergezahlt werden.
Wird in den Mitgliedsstaaten der EU vom jeweiligen nationalen Gesetzgeber des entsendenden Zeitarbeitunternehmens das Arbeitgebermodell als Leitbild projiziert, bedarf es keiner nationalen Equal Treatment Regelung (siehe Kap. 1.2) im Einsatzland.

Agenturprinzip

Im Rahmen des Agenturprinzips stellt die Zeitarbeitsfirma den Arbeitnehmer nur für das Zeitfenster der konkreten Einsatzdauer im Kundenbetrieb ein. Die Dauer des Leiharbeitsverhältnisses und die Überlassungsdauer werden gewissermaßen synchronisiert. Hier hat die Zeitarbeitsfirma lediglich den Status eines Arbeitsvermittlers.

Das Arbeitnehmerentsendegesetz (AEntG) und das Problem der Mindestlöhne

Um zu verstehen, warum sich die Thematik der Mindestlöhne vor dem Hintergrund der europäischen Dienstleistungsfreiheit entwickelt hat, hier ein kurzer Exkurs in die „Geschichte" des deutschen Arbeitsmarktes.
Mitte der 90er-Jahre wurden ca. 150.000 Bauarbeitnehmer ausländischer Arbeitgeber auf deutschen Baustellen beschäftigt. Diesen standen ca. 180.000 deutsche Arbeitslose in Bauberufen gegenüber. Man sprach daher seinerzeit (Oktober

1996) von Lohndumping und Gefährdung der Wettbewerbsfähigkeit der einheimischen Wirtschaft.
Zur Verhinderung von Wettbewerbsverzerrungen und zum Schutz der betroffenen Arbeitnehmer hatte die EU-Kommission bereits im Sommer 1991 den Entwurf der EU-Entsende-Richtlinie vorgelegt. Nach mehrjährigen Beratungen und Verhandlungen wurde die Richtlinie am 24.09.1996 vom Europäischen Parlament verabschiedet und ist seit dem 16.12.1996 für alle Mitgliedstaaten verbindlich.
Im Mittelpunkt der EU-Entsende-Richtlinie steht die Gewährung gleicher Mindestarbeitsbedingungen nach dem Arbeitsortsprinzip.

> Unternehmen, die ihre Arbeitnehmer grenzüberschreitend in das Hoheitsgebiet eines anderen Mitgliedstaates entsenden, werden verpflichtet, diesen vom ersten Tag der Entsendung an die Arbeits- und Beschäftigungsbedingungen des Tätigkeitsstaates zu gewähren.

In Deutschland ermöglicht der Gesetzgeber den Tarifparteien im Rahmen des Arbeitnehmerentsendegesetzes (AEntG) Mindeststandards zu vereinbaren (Mindestarbeitsentgelte und einheitliche Urlaubsregelungen), die für alle in Deutschland arbeitenden in- und ausländischen Unternehmen und deren Beschäftigte gelten. Diese auf Betriebe des Bauhaupt- und Baunebengewerbes beschränkten Tarifverträge werden entweder für allgemein verbindlich erklärt oder gelten zwingend kraft Rechtsverordnung durch den Bundesminister für Wirtschaft und Arbeit.
Sowohl inländische als auch ausländische Zeitarbeitsunternehmen müssen die am Beschäftigungsort geltenden tariflichen Mindestnormen zu Arbeitsentgelt und ggf. Urlaubsregelungen beachten, wenn der Auftraggeber (Entleiher) dem Geltungsbereich eines Tarifvertrages mit einheitlichen Mindestarbeitsentgelten unterliegt (Arbeitsortsprinzip).
Die so seit Jahren im Bauhauptgewerbe herrschen Mindestlöhne sind für Zeitarbeitsunternehmen nicht relevant, da die Ar-

beitnehmerüberlassung an Betriebe des Bauhauptgewerbes ohnehin verboten ist (siehe Seite 18).
Im Baunebengewerbe aber existierte bis zum 30.04.2003 der allgemein verbindliche Tarifvertrag „Mindestentgelt Elektrohandwerk“ und seit Juni 2004 gelten im Maler- und Lackiererhandwerk ebenfalls kraft Rechtsverordnung Mindestlöhne.

Folgendes Beispiel verdeutlicht, vor welchem Hintergrund Personaldienstleister arbeiten und auf welche Rahmenbedingungen sie achten müssen:
Der Malergeselle Hubert Meier ist von seiner Zeitarbeitsfirma in der Entgeltgruppe 4 eingruppiert. Es findet der Entgelttarifvertrag (ETV) des Interessenverbandes Deutscher Zeitarbeitsunternehmen e.V (iGZ) Anwendung. Danach beträgt sein Tarifentgelt 9,04 EUR/ Std. (ETV-iGZ; EG 4, Eingangsstufe, alte Bundesländer).
Der Mindestlohntarifvertrag für das Maler- und Lackiererhandwerk sieht allerdings 10,73 EUR/Std. vor.
Die Tarifkonkurrenz zwischen dem Zeitarbeits- und dem Mindestlohn-Tarifvertrag wird in diesem Fall kraft § 1 Abs. 2a AEntG zugunsten des (per Rechtsverordnung durch den Bundesminister für Wirtschaft und Arbeit für verbindlich erklärten) Mindestlohn-Tarifvertrags entschieden.
Für die Dauer des Kundeneinsatzes werden dem Malergesellen für die geleisteten Stunden also 10,73 EUR/Std. gezahlt.

Auf den Punkt gebracht

Zeitarbeit in Deutschland ist umfassend reguliert

- Zeitarbeitsunternehmen besitzen vollwertigen Arbeitgeberstatus. Sie berücksichtigen alle arbeits-, arbeitsschutz- und sozialversicherungsrechtlichen Normen.
- Sie tragen das Beschäftigungsrisiko und müssen für Zeiten der Nichtbeschäftigung das vereinbarte Arbeitsentgelt weiterzahlen (sog. Arbeitnehmerrisiko).
- Sie benötigen für die Ausübung ihrer Dienstleistungen die behördliche Genehmigung der Bundesanstalt für Arbeit (BA).
- Zeitarbeitnehmer genießen den Rechtsanspruch auf die gleichen wesentlichen Arbeitsbedingungen der vergleichbaren Stammbeschäftigten in den Einsatzbetrieben (Equal Treatment).
- Tatsächlich arbeiten die Zeitarbeitsunternehmen nicht nach dem Equal Pay-Prinzip, sondern auf Grundlage verschiedener Flächen- oder Haustarifverträge, die speziell auf die Bedürfnisse der Zeitarbeitsbranche zugeschnitten sind.
- Der Aspekt der Arbeitssicherheit und der aktiven Fürsorgepflicht ist sowohl aufseiten der Zeitarbeits- als auch aufseiten der Kundenfirma wahrzunehmen.
- Die Überlassung gewerblicher Arbeitnehmer (Arbeiter) an Firmen des Bauhauptgewerbes ist gesetzlich verboten.
- Die Geschäftsbeziehungen zwischen Zeitarbeitsunternehmen und Auftraggeber basieren auf speziellen Verträgen, den so genannten Überlassungsverträgen.
- Die BA prüft Zeitarbeitsfirmen durch Einsichtnahme in die geschäftlichen Unterlagen, insbesondere in die Personalakten der Zeitarbeitnehmer.
- Zeitarbeit ist nicht mit der privaten Arbeitsvermittlung gleichzusetzen (Personal Service Agenturen).
- Zeitarbeit ist innerhalb der Europäischen Union völlig unterschiedlich geregelt.

2 Zeitarbeit aus Arbeitnehmersicht

Chance in schwierigen Zeiten

Arbeitnehmer werden durch Medien, Institutionen, soziales Umfeld und sonstige Quellen unterschiedlich seriös und ganzheitlich über Zeitarbeit informiert. Dieses Kapitel will potentielle Zeitarbeitnehmer möglichst umfassend und objektiv über Chancen und Risiken unterrichten.

2.1 Warum Zeitarbeit? – Motivation und Ziele

Zu den ausschlaggebenden Gründen, warum Arbeitnehmer sich an Zeitarbeitsfirmen wenden, lässt sich eine Handvoll Kernaussagen und Schlüsselbegriffe anführen:

Gründe für Zeitarbeit

- Orientierung in Bezug auf das eigene Potenzial und die individuellen Vorstellungen von Berufstätigkeit
- Antesten und Ausprobieren verschiedener Tätigkeiten und Branchen
- Erwerb von Praxiserfahrung und Aneignung neuer Qualifikatonen
- (Quer-)Einstieg in einen (neuen) Beruf
- Wiedereinstieg in eine einmal ausgeübte Tätigkeit
- Türöffner in (bestimmte) Unternehmen
- Überbrückung zwischen zwei Jobs oder zwei biografischen Abschnitten
- Wahrnehmung zeitlicher Spielräume auf der Basis einer Teilzeittätigkeit
- Nebenverdienstmöglichkeit
- Geld verdienen

In unserer sich verändernden, immer flexibler werdenden Arbeitswelt, in der Menschen immer seltener in lediglich einer einzigen Firma über 30 Jahre hinweg Karriere machen, kann Zeitarbeit zum persönlicher Kompass der beruflichen Orientierung werden. Arbeitnehmer sammeln über Zeitarbeit individuelle und persönliche Erfahrungen, wie es in unterschiedlichen Unternehmen und Branchen zugehen kann.
Vor allen Dingen kann sich die Zeitarbeitskraft über ihre eigenen Stärken und Interessen klar werden sowie sich neue berufliche Qualifikationen aneignen. Die als Zeitarbeitnehmer gewonnenen vielfältigen Erfahrungen wirken sich in der Berufsbiografie positiv aus.

> Wer in seiner Bewerbungsmappe Zeitfenster der Anstellung als Zeitarbeitnehmer in Verbindung mit qualifizierten Zeugnissen vorweisen kann, hat Pluspunkte im Wettbewerb um Arbeitsplätze.

In dem von ihm herausgegebenen Buch „Leiharbeit“ berichtet Berthold Vogel über die Befragung von 140 Leiharbeitern und befristet Beschäftigten in großen Automobilwerken (Stuttgart und Zwickau) anhand offener Leitfadeninterviews.
Auch wenn diese Befragung sicher nicht repräsentativ ist, vermittelt sie doch einen Einblick, wie aktive Zeitarbeitnehmer ihre Situation wahrnehmen.

Es haben sich insgeamt vier Kategorien herauskristallisiert:

- Durchhalten in dauerhafter Gefährdung
  44 Prozent der Befragten erlebten und bewerteten ihre Beschäftigung in der Zeitarbeit als ein mühevolles und anspannendes Durchhalten vor dem Hintergrund dauerhafter Gefährdung.
- Suchen nach dem Einstieg in Erwerbsarbeit
  30 Prozent der Gesprächspartner sahen in dieser spezifischen Beschäftigungsform einen praktikablen Weg, fundierte Berufserfahrung zu erwerben und so einen Einstieg in eine Erwerbsarbeit zu finden.

- Strcbcn nach beruflicher Weiterentwicklung und sozialem Aufstieg
  15 Prozent der Befragten sahen in der Zeitarbeit eine Möglichkeit sich beruflich weiterzuqualifizieren und so auch sozial aufzusteigen.
- Beruflicher und sozialer Abstieg
  Lediglich 11 Prozent der Befragten bewerteteten ihre Tätigkeit in der Zeitarbeit als beruflichen und sozialen Abstieg.

Eine im März 2004 veröffentlichte Studie der Online-Stellenbörse *JobScout24* und des Personaldienstleisters *Allbecon* vermittelt folgendes Bild.
Für 62,4 Prozent der Befragten ist es prinzipiell denkbar, im Rahmen der Zeitarbeit zu arbeiten. 27,1 Prozent würden dies tun, wenn gesichert wäre, dass sie dadurch ihre Fähigkeiten gezielt fördern könnten. 23,8 Prozent finden insbesondere die Möglichkeit attraktiv, vor dem Hintergrund einer Festanstellung in unterschiedliche Unternehmen und Branchen hineinriechen zu können. 11,6 Prozent versprechen sich von Zeitarbeit neue Erfahrungen und Perspektiven. Lediglich 37,6 Prozent lehnen Zeitarbeit ab, da sie davon ausgehen, auf diesem Wege keine Karrierechancen zu haben.

Motivationslage und Befindlichkeit der Zeitarbeitnehmer sind also sehr unterschiedlich. Festzuhalten ist, dass die Sicht auf Zeitarbeit durchaus differenziert und vielschichtig ist.

Zeitarbeit ist im Kommen

Zeitarbeitnehmer repräsentieren inzwischen ein breites Spektrum der Bevölkerung. Nach der amtlichen Statistik der Bundesagentur für Arbeit kommen über 60 Prozent der Neuzugänge aus der Arbeitslosigkeit. Zeitarbeit ist schon längst nicht mehr nur etwas für Ungelernte und Hilfskräfte. Laut Interessenverband Deutscher Zeitarbeitsunternehmen (iGZ

e.V.) hat sich seit dem Jahr 2000 der Anteil der Akademiker in der Zeitarbeit von rund 5 auf 10 Prozent verdoppelt.
In der Tat finden vor dem Hintergrund der Imageverbesserung der Zeitarbeitsbranche immer mehr Hochschul- und Fachhochschulabsolventen den Weg in die Zeitarbeit. Verstärkt wird dieser Trend auch durch den Wegfall der gesetzlichen Begrenzung der Höchstüberlassungsdauer. Seit Januar 2004 können Zeitarbeitnehmer mehrjährig ununterbrochen in einem einzigen Kundenbetrieb eingesetzt werden. Das fördert den Einsatz von Hochqualifizierten in längerfristigen Projektarbeiten.

Sprungbrett – „Klebeeffekt"

Warum langen Leerlauf in Kauf nehmen, bis der Bewerbungsmarathon Erfolg bringen würde, dachte sich Elke Brachvogel und ging mit dem frischen Diplom in der Tasche zu einem Personaldienstleister. „Im Grunde war es lediglich als Übergangslösung gedacht," erklärt die 30-jährige Betriebswirtin.
Doch es sollte anders kommen. Bereits am übernächsten Tag besprach der Personaldisponent des Zeitarbeitsunternehmens mit Elke Brachvogel ihren ersten Einsatz in einer Direktmarketingagentur. Dort machte sie einen guten Eindruck, wurde 2 Monate später als Pojektmanagerin angestellt und übte diese Tätigkeit über 3 Jahre lang aus.

So oder ähnlich lesen sich in den Medien Erfolgsgeschichten von Zeitarbeitnehmern, die von Kundenfirmnen übernommen werden.
In der Tat bietet der Einsatz in Kundenunternehmen die Gelegenheit, direkt vor Ort nützliche Kontakte zu knüpfen und die eigenen Fähigkeiten unter Beweis zu stellen.
Nach nicht repräsentativen empirischen Erfahrungswerten werden ca. 20 bis 30 Prozent der eingesetzten Mitarbeiter von den jeweiligen Kundenbetrieben übernommen. Je nach Ausrichtung und Spezialisierung des Zeitarbeitgeschäfts können

einzelne Personaldienstleister sogar Übernahmequoten von bis zu 70 Prozent vorweisen. Das ist aber eher die Ausnahme.
In der jetzigen Phase des Personalstandorts Deutschland (Beobachtungszeitraum 2001 bis 2004) werden weniger Zeitarbeitnehmer übernommen. Der Arbeitsmarkt funktioniert derzeit nach dem „just in time" Prinzip. Unternehmer decken ihren Personalbedarf zunehmend mit „geliehenen" Arbeitnehmern ab und scheuen das Risiko so genannter Festanstellungen nicht nur aus wirtschaftlichen Gründen, sondern auch aufgrund der restriktiven Vorschriften des Arbeitsrechts (u.a. des Kündigungschutzgesetzes).

Drei Typologien von Zeitarbeitnehmern

Grundsätzlich haben sich drei Typologien von Zeitarbeitnehmern mit unterschiedlicher Motivationslage entwickelt:

- Die „zweite" Belegschaft
  die sich kontinuierlich über Monate und zum Teil über Jahre hinweg in einem Einsatzbetrieb im Hintergrund etabliert hat. Diese Zeitarbeitnehmer hoffen eines Tages auf die lang ersehnte Übernahme und bleiben so lange in der „Warteschleife". Wenn sich ihre Hoffungen auf eine Übernahme über lange Zeit trotz aller Anstrengungen und der Identifikation mit der Kundenfirma nicht erfüllen, laufen Zeitarbeitnehmer der zweiten Belegschaft latent Gefahr, in ein Stimmungs- und Leistungstief zu fallen und unter Umständen sogar eine „Flucht in die Krankheit" zu betreiben.

- Die „professionellen" Neuanfänger
  deren Arbeitsalltag sich immer wieder in neuen und unterschiedlichen Unternehmen abspielt. Sie lieben die Abwechslung und das Sammeln ständig neuer Erfahrungen. Gerade der „professioneller Neuanfänger" muss ein relativ dickes Fell haben oder sich eines wachsen lassen, denn die in den unterschiedlichen Kundenbetrieben anliegenden

Aufgaben können nicht immer passgenau auf seine Talente zugeschnitten sein.
Hierin liegt die große Herausforderung. Einerseits werden Zeitarbeitnehmer als „externe“ Mitarbeiter vielfach nicht als gleichwertig betrachtet, auf der anderen Seite werden von Ihnen Loyalität und ein hohes Engagement verlangt. In der Startphase des Einsatzes erleben sie nicht selten eine unpersönliche, unverbindliche Beziehung zu den Kollegen im Kundenunternehmen. Der Anfangsdruck ist enorm – wenn sie den Erwartungen und Anforderungen am zugewiesenen Arbeitsplatz nicht gerecht werden, können sie einfach „ausgewechselt“ werden.
Da ihre Motivation sehr häufig doch unterschwellig darin besteht, durch die Kundenfirma übernommen zu werden, betreiben sie nicht einfach „Dienst nach Vorschrift“, sondern geben meist ihr Bestes und legen eine hohe Einsatzbereitschaft an den Tag.

- Die „Feuerwehrmänner“,
  sind vielfach hocherfahrene Spezialisten, die immer dort im Einsatz sind, wo es brennt. Sie lehnen Übernahmeangebote durch die Auftraggeber kategorisch ab und bleiben über Jahre und Jahrzehnte fest angestellte externe Mitarbeiter der Zeitarbeitsfirmen. Da sie Routine ablehnen, sind Feuerwehrmänner externe Mitarbeiter aus Überzeugung und wollen es auch bleiben.

Wie auch immer die Motivation für Zeitarbeit sein mag, fest steht auf alle Fälle:

> Selbstbewusste Menschen, die positiv an die Arbeit in den Kundenbetrieben herangehen und deren Einstellung zur Zeitarbeit es ist, hier neue Erfahrungen zu sammeln und dazulernen zu wollen, werden weitaus häufiger von Kundenunternehmen übernommen als Menschen, die signalisieren, Zeitarbeit in erster Linie als Notlösung zu betrachten und im Prinzip keine Perspektiven für sich zu sehen.

2.2 Die Bewerbung bei einem Personaldienstleister

Die Zahl der Bewerbungen bei Personaldienstleistern hat in den vergangenen zwei Jahren stetig zugenommen. Ein sprunghafter Anstieg war im zweiten Halbjahr 2004 zu verzeichnen, der von den Personaldisponenten unter anderem auf das Schreckgespenst „Hartz IV“ und „Arbeitslosengeld II“ zurückgeführt wurde.

Da die Mehrzahl der Zeitarbeitsunternehmen nur ganz sporadisch Stellenanzeigen in den Tageszeitungen schaltet, sollten sich Arbeitssuchende jederzeit initiativ bei Personaldienstleistern bewerben.

Den tagesaktuellen Bedarf an zusätzlichen externen Mitarbeitern kann der Jobsuchende den entsprechenden Websites der Personaldienstleister im Internet entnehmen.

Erste Kontaktaufnahme

Am besten setzt sich der Arbeitsuchende telefonisch mit dem Zeitarbeitsbüro in Verbindung. Frei nach dem Motto *„Das Telefon ist das Schaufenster des Zeitarbeitsunternehmens“* kann der Anrufer schon anhand des Telefonats bewerten, ob er tatsächlich mit einem modern und flexibel strukturierten Unternehmen in Verbindung getreten ist, mit dem es sich lohnt, nähere Verhandlungen aufzunehmen.
Selbstverständlich kann die Kontaktaufnahme auch per E-Mail via Internet erfolgen. Hierbei sollte darauf geachtet werden, dass die angefragte Zeitarbeitsfirma zeitnah reagiert.

Bewerbungsunterlagen

Die persönlichen Bewerbungsunterlagen sind wesentliche Grundlage für das anzustrebende persönliche Kennenlerngespräch zwischen Arbeitssuchenden und dem Personaldisponenten.
Hilfreich ist es, im Anschreiben die Motivlage, für das Interesse als Zeitarbeitnehmer arbeiten zu wollen, nachvollziehbar zu formulieren.

Bewerbungsbogen / Personalfragebogen

Unabhängig von den persönlichen Bewerbungsunterlagen arbeiten alle Zeitarbeitsunternehmen mit Bewerbungs- oder Personalfragebögen, die Grundlage des Interviews bilden, das der Personaldisponent mit dem Bewerber führt.
Ein entsprechendes Formular wird in der Regel vor der persönlichen Unterredung mit dem Personaldisponenten in der Geschäftsstelle ausgehändigt.

Inhalte und zulässige Fragen

Ein Arbeitgeber ist nicht berechtigt, unterschiedslos alle Fragen zu stellen, sondern zulässig sind nur solche Fragen, die dazu dienen, den Bewerber in Bezug auf die geforderte Arbeitsleistung fachlich und persönlich einzuschätzen.
Rechtswidrige Fragen müssen also nicht beantwortet werden. Weigert sich der Bewerber aber beispielsweise die Frage nach einer Gewerkschaftszugehörigkeit zu beantworten, braucht er sich kaum noch Hoffnungen auf einen Arbeitsantritt zu machen.

> Aus diesem Grunde darf der Bewerber nach ständiger Rechtsprechung bei rechtswidrigen Fragen auch lügen, d.h. unzulässige Fragen bewusst falsch beantworten.

Das Problem besteht nun darin, festzustellen, welche Fragen rechtswidrig und unzulässig und welche Fragen zulässig sind. Dies genau einzuordnen, fällt in der Praxis oft schwer.
Beispielsweise galt seit Ende der Siebzigerjahre die Frage nach dem Vorliegen einer Schwerbehinderung als uneingeschränkt zulässig (ständige Rechtsprechung des Bundesarbeitsgerichtes – BAG).
Heute dagegen vertreten die Arbeitsrechtsexperten nahezu einhellig die Meinung, dass je nach Art des Arbeitsplatzes die Frage nach dem Vorliegen einer Schwerbehinderung nicht mehr unbedingt wahrheitsgemäß beantwortet werden muss. Hintergrund ist das Diskriminierungsverbot (§ 81 Abs. 2 SGB IX; siehe auch Seite 103 „Antidiskriminierungsgesetz“).

Eine vom Arbeitgeber in dieser Hinsicht im Bewerbungsgespräch unzulässig gestellte „Gretchenfrage“ kann im Einzelfall teuer werden, sollte die Bewerbung des Arbeitnehmers deswegen abgelehnt werden und dies nachgewiesen werden kann.
Sofern eine zulässige Frage des Arbeitgebers vom Bewerber falsch beantwortet wurde, hat seinerseits der Arbeitgeber das Recht zur Anfechtung des Arbeitsvertrages wegen arglistiger Täuschung. In diesen Fällen endet das Arbeitsverhältnis sofort, ohne Kündigungsschutz und ohne Kündigungsfrist. Auch ein Schutz durch den Betriebsrat existiert nicht.
Das Anfechtungsrecht besteht, wenn die Frage des Arbeitgebers rechtmäßig und zulässig war und der Bewerber

- gelogen, d.h. vorsätzlich falsch geantwortet hat und
- wusste oder hätte wissen müssen, dass der von ihm verschwiegene oder falsch dargestellte Sachverhalt für die Bergründung des Arbeitsverhältnises von Wichtigkeit war.

Das Anfechtungsrecht wirkt lange nach! Es geht auch nicht nach Wochen oder Monaten einer erfolgreichen Zusammenarbeit unter, sondern kann selbst nach Jahren noch wahrgenommen werden, wenn dem Arbeitgeber dann erst die falsche Beantwortung der Frage bekannt wird.

Hier einige Beispiele für unzulässige und zulässige Fragen, die im Fragenkatalog von Bewerbungsbögen auftauchen können.

Eindeutig als unzulässig zu bewertende Fragen:

- Liegt für die vorgesehene Tätigkeit ein Beschäftigungsverbot vor?
- Sind Sie anerkannter Schwerbehinderter/Gleichgestellter? Wenn „Ja“, Grad und Art der Behinderung?
- Haben Sie die Feststellung des Vorliegens einer Behinderung beantragt?
- Sind Sie Mitglied einer Gewerkschaft?
- Bei Frauen: Sind Sie schwanger?
- Nehmen Sie Drogen?

Fragen, deren Zulässigkeit strittig ist:

- Endete das letzte Arbeitsverhältnis aus gesundheitlichen Gründen?
  Wenn „ja", sind Sie zurzeit arbeitsunfähig krank?
- Sind Sie ehrenamtlich tätig?
- Haben Sie Wehr-/Zivildienst abgeleistet?
- Ist ein Einberufungsbescheid ergangen?
  Wenn „ja", Termin?
- Steht Wehrübung an?
  Wenn „ja", Termin?
- Haben Sie Ihren zukünftigen Arbeitslohn abgetreten?
  Wenn „ja", Höhe?:
- Liegen Lohnpfändungen vor?
  Wenn „ja", Höhe?
- Haben Sie die eidesstattliche Versicherung abgeleistet?
- Wie hoch war Ihre letzte Arbeitsvergütung (Monatslohn)?

Zulässig sind beispielsweise folgende Fragen:

- Ist eine Kurmaßnahme bewilligt oder beantragt?
- Leiden Sie an einer chronischen (dauernden) Krankheit?
  Wenn „ja", an welcher?
- Ist in absehbarer Zeit mit Ausfall durch Operationen zu rechnen?
- Sind Sie in Bezug auf die angestrebte Tätigkeit einschlägig vorbestraft?
- Schwebt ein Strafverfahren gegen Sie, das der Erfüllung der Arbeitspflicht hinderlich sein könnte?
- Sind Sie Mitglied einer verfassungsfeindlichen Vereinigung?
- Besteht ein Wettbewerbsverbot?
  Wenn „ja", Umfang des Wettbewerbsverbotes?

Das Vorstellungsgespräch

Vom Vorstellungsgespräch hängt für beide Seiten viel ab. Der Personaldisponent hat zum Ziel, die charakterlichen Eigenschaften des Bewerbers zu „durchleuchten". Der Erfolg der Zeitarbeitsunternehmen steht und fällt nicht zuletzt mit dem Schlüsselkriterium, zuverlässige externe Mitarbeiter vor Ort in den Kundenbetrieben in den Einsatz zu bringen.

Praxistest – Kennenlerngespräch im Kundenbetrieb

Um die berufspraktischen Fähigkeiten und Fertigkeiten des Bewerbers auszuloten, gibt es verschiedene Ansätze und Methoden.
Im gewerblichen Sektor kann naturgemäß im Zeitarbeits-Office kein berufsmäßiger „Tauglichkeitstest" vollzogen werden. Stattdessen fährt der Disponent gemeinsam mit dem Kandidaten zu einer Kundenfirma, um vor Ort durch den Kunden prüfen zu lassen, ob die erforderlichen Kenntnisse und Fähigkeiten überzeugend vorhanden sind.
In den kaufmännischen Einsatzbereichen (Sekretärin, Sachbearbeiter) kommt es für die Kunden sehr stark auf das persönliche Erscheinungsbild und den Gesamteindruck der externen Mitarbeiter an. Hier steht weniger das Fachwissen im Vordergrund, als vielmehr die Kriterien Teamfähigkeit und Belastbarkeit.

2.3 Der Personaldisponent als Entscheidungsträger

In der Wahrnehmung der Bewerber und Zeitarbeitnehmer verkörpert der Personaldisponent alle wesentlichen Arbeitgeberfunktionen.
Es existiert kein branchenspezifisches und -einheitliches Berufsbild. In nahezu jedem Unternehmen sehen seine Aufgaben und Tätigkeiten in Teilbereichen anders aus. Ein elementarer Punkt ist die Frage, ob der Personaldisponent auch Aufträge (Kundeneinsätze) akquirieren muss oder sich voll und ganz der Personalrekrutierung, -betreuung und den klassischen Dispositionstätigkeiten widmen kann. In der Regel haben die Personaldisponenten auch die Herausforderung zu bewältigen, Kundenfirmen zu gewinnen.

Erscheinungsbild

So unterschiedlich die Aufgaben für die Disponenten in den unterschiedlichen Unternehmen sind, zeigen und geben sich auch Ihre Profile nach außen hin. Vor allem bei den inhabergeführten Zeitarbeitsunternehmen kann der Jobsuchende aus Auftreten und Verhalten des Personaldisponenten Rückschlüsse auf die Professionalität des Unternehmens ziehen.

Kompetenz

Ein Personaldisponent muss von vornherein bestimmte Kompetenzen mitbringen, zum Beispiel spezifische Branchenkenntnisse und Kenntnisse des Arbeitsmarktes, wohingegen andere Aspekte berufsbegleitend trainiert werden. Die Erfahrungen der Vergangenheit zeigen, dass hier die Prioritäten eindeutig in den vertriebsorientierten Trainingsmodulen liegen und das Coaching hinsichtlich der Mitarbeiterführung eine eher untergeordnete Rolle spielt.

Perspektiven abklären

Viele Negativerfahrungen in der Zeitarbeit resultieren aus Defiziten in der Kommunikation zwischen Personaldisponent und externem Mitarbeiter.

> Für den Bewerber empfiehlt es sich daher dringend, schon im Vorstellungsgespräch die sich ihm bietenden Perspektiven abzuklären.

Das setzt wiederum zwingend voraus, als Bewerber die Karten offen auf den Tisch zu legen und sich von Anfang an eindeutig zu positionieren. Will man als Zeitarbeitnehmer schnellstmöglich den Absprung bei der erstbesten sich bietenden Gelegenheit suchen (Klebeeffekt/vermittlungsorientierte Zeitarbeit)? Oder will man eher über ein Zeitfenster von anderthalb bis zwei Jahren durch verschiedene Kundeneinsätze einschlägige praxisorientierte Berufserfahrungen sammeln?

Kundeneinsätze

Nach der erfolgreichen Einigung zwischen Personaldisponent und Arbeitnehmer im Vorstellungsgespräch schlägt nun die Stunde der Wahrheit!
Die zugewiesenen Arbeiten im Kundenbetrieb sollten mit den Fähigkeiten des Arbeitnehmers korrespondieren und diesen weder über- noch unterfordern. Als Arbeitnehmer können Sie nur dann von Zeitarbeit begeistert sein, wenn die tatsächlichen Gegebenheiten, die Sie im Kundenbetrieb antreffen, auch wirklich den Aussagen und Beschreibungen Ihres Disponenten entsprechen.
Der erste Einsatztag ist häufig ausschlaggebend für den weiteren Verlauf der Zusammenarbeit zwischen Zeitarbeitsunternehmen und Arbeitnehmer. Sollten dem Arbeitnehmer hier nur Negativerlebnisse widerfahren, wird er in der Regel seine Karriere als Leiharbeitnehmer schnell beenden.

Hier ein Beispiel, wie es nicht laufen sollte:

Der gewerbliche Arbeitnehmer Udo Unsicher bekommt Arbeit in der Lebensmittel verarbeitenden Industrie als Maschinenbediener zugewiesen. Er soll sich um 5.40 Uhr beim Pförtner des Kundenbetriebes melden. Arbeitsbeginn ist um 6.00 Uhr (Frühschicht).
Dort pünktlich eingetroffen, fragt ihn der Pförtner zunächst, wer er denn überhaupt sei, er stehe nicht auf der Liste der Fremdarbeitnehmer der betreffenden Zeitarbeitsfirma. Der Pförtner lässt sich auf keinerlei Diskussionen ein und verweigert den Zutritt auf das Betriebsgelände.
Udo Unsicher ruft daraufhin seinen Personaldisponenten über Handy an. Dieser klärt den Sachverhalt durch ein Telefonat mit der Kundenfirma. Entsprechend verspätet gelangt Udo Unsicher um 6.00 Uhr in die Sozialräumlichkeiten. Eine Viertelstunde später hat er sich zur Produktionsabteilung durchgefragt. Dort wird er vom Schichtleiter mit den Worten willkommen geheißen, „Sie wissen wohl nicht, was Pünktlichkeit bedeutet. Bei der nächsten Verspätung werden Sie

bei Ihrer Zeitarbeitsfirma abgemeldet und sofort nach Hause geschickt.“
In der Arbeitspause seiner Schichtgruppe wird Udo Unsicher von einem Kollegen als überflüssiger Leihhansel, der nicht zur Belegschaft gehöre, beschimpft. Laut Gewerkschaft gefährdeten Leiharbeitnehmer die Arbeitsplätze der Stammbeschäftigten. Er würde hier kein Bein an die Erde kriegen.

Ein professioneller und kundenorientierter Personaldisponent sorgt dafür, dass der Arbeitsantritt im Kundenunternehmen anders verläuft.
Grundsätzlich gilt in der Zeitarbeitsbranche die Faustformel:

> Am ersten Einsatztag sind für den neuen Mitarbeiter drei Erfolgserlebnisse erforderlich. Dann kann in der Regel von einer längeren Zusammenarbeit ausgegangen werden.

2.4 Die Zeitarbeitsunternehmen

Die etwa 4300 rechtlich selbstständigen Zeitarbeitsunternehmen in Deutschland sind völlig unterschiedlich strukturiert. Es gibt sehr viele kleine Wirtschaftseinheiten, die 2 bis 4 Innendienstangestellte und 30 bis 100 externe Zeitarbeitnehmer beschäftigen. Auf der anderen Seite agieren am Markt sehr große Personaldiscounter.
Nicht nur die vordergründige quantitative Betrachtung führt zu völlig uneinheitlichen Ergebnissen. Auch die Marktsegmente, die die Personaldienstleister bedienen, stellen sich uneinheitlich dar. Zeitarbeitsunternehmen können in Abhängigkeit von ihrer Marktpositionierung entweder alle Berufsfelder abdecken oder sich als Spezialist auf ganz bestimmte Nischen fokussieren, beispielsweise auf den Pflegebereich oder Büroservice.
Einen Eindruck über den Zeitarbeitsmarkt vermittelt folgende Übersicht über die 15 führenden Zeitarbeits- und Personaldienstleistungsunternehmen in Deutschland.

Zeitarbeits-unternehmen	**Umsatz/ Mio. €**	**Interne Mitar-beiter**	**Zeit-arbeit-nehmer**
Randstad Deutschland GmbH & Co. KG, Eschborn	595,0	1.380	20.300
Manpower GmbH & Co. KG, Frankfurt am Main	336,0	800	13.800
Adecco Personaldienst-leistungen GmbH, Fulda *	331,0	1.000	12.500
persona service Verwaltungs AG & Co. KG, Lüdenscheid	313,4	866	10.000
DIS Deutscher Industrie Service AG, Düsseldorf	265,0	648	5.767
Tuja Zeitarbeit GmbH & Co. KG, Ingolstadt	170.0	315	5.500
ZAG Personaldienste GmbH, Hannover	150,0	380	6.300
Hays AG, Mannheim * [1]	140,0	202	3.000
Bindan-Gruppe, Stuhr/Bremen	127,0	350	3.950
AutoVision GmbH, Wolfsburg	124,2	110	3.190
I.K. Hofmann GmbH, Nürnberg	107,0	235	4.500
Vedior Personaldienstleistungen GmbH, Hamburg	76,0	122	2.300
Runtime Group GmbH, Bremen	68,1	184	1.800
Dekra Arbeit GmbH, Stuttgart	60,0	150	2.000
Brunel GmbH, Bremen	59,0	113	705

* Daten teilweise geschätzt

[1] Freie Projektmitarbeiter

Führende Zeitarbeits- und Personaldienstleistungsunternehmen in Deutschland 2004 (©Lünendonk®)

Sich über die Regelungen der zur Anwendung kommenden Tarifverträge informieren

Die einzelnen Zeitarbeitsunternehmen legen ihren Arbeitsverträgen jeweils unterschiedliche Tarifvertragswerke zugrunde. Der Bewerber sollte daher schon im Vorfeld des Vorstellungsgespräches in Erfahrung bringen, welches Tarifvertragspaket das infrage kommende Zeitarbeitsunternehmen bei einer möglichen Anstellung anwenden wird.
Um im Gespräch mit dem Personaldisponenten sicher argumentieren zu können und vor Überraschungen geschützt zu sein, wird mit Nachdruck empfohlen, sich vorab mit den Regelungsinhalten des betreffenden Tarifwerkes vertraut zu machen.

Die richtige Eingruppierung in eine Entgeltgruppe ist maßgebend

Für Arbeitnehmer steht die Frage des Verdienstes in aller Regel an erster Stelle. Die Höhe des Verdienstes hängt maßgeblich davon ab, in welche der neun Entgeltgruppen ein Leiharbeitnehmer aufgrund seines Qualifikationsprofils eingeordnet wird (eine Übersicht über die Entgeltgruppen der wichtigsten Tarifverträge und die ihnen entsprechenden Qualifikationsprofile finden Sie auf den beiden folgenden Doppelseiten).
Zu beachten ist dabei, dass die unterschiedlichen Entgelttarifverträge (ERTV) der Zeitarbeitsbranche den Marktwert der Arbeitnehmer widerspiegeln.

Alle Flächentarife in der Zeitarbeit sind absatzorientiert.

Das bedeutet, dass ein Zeitarbeitnehmer kein verbrieftes Anrecht darauf hat, der seinem Qualifikationsprofil entsprechenden Entgeltgruppe zugeordnet zu werden, sondern auf der Grundlage der aktuellen Anforderungsprofile der Personal nachfragenden Kundenunternehmen eingeordnet wird.
Die zu Beginn der Zusammenarbeit zwischen Personaldienstleister und Zeitarbeitnehmer festgelegte Entgeltgruppe spie-

gelt also seine aktuellen Einsatzmöglichkeiten in den Kundenbetrieben der Zeitarbeitsfirma wider und hängt somit von der Zukunftsprognose des Personaldisponenten ab.

Ein Beispiel:
Klaus Werner, KFZ-Meister mit langjähriger Berufserfahrung in den verschiedensten KFZ-Betrieben, erwartet aufgrund dieses Qualifikationsprofils in Entgeltgruppe 6 eingeordnet zu werden.
Der Disponent des Personaldienstleisters, mit dem er in Verhandlungen um eine Anstellung steht, will ihn aber lediglich in die Entgeltgruppe 4 einstufen. Er begündet dies damit, dass im Moment in dem relevanten Handwerkersegment keine Nachfrage nach Arbeitnehmerprofilen mit Meisterzertifikaten bestehe und damit auch in absehbarer Zeit nicht zu rechnen sei. Es liegt nun also an Klaus Werner zu entscheiden, ob er die Stelle auch antreten soll, wenn er nur in Entgeltgruppe 4 eingestuft wird.

Nimmt Herr Werner die Stelle zu diesen Konditionen an und vermittelt ihn sein Personaldisponent entgegen seiner Prognose in einen passgenauen Kundeneinsatz mit exakt den Tätigkeitsmerkmalen, die der Entgeltgruppe 6 entsprechen, hat Herr Werner für die Zeit seines aktiven Einsatzes Anspruch auf eine tarifliche Gruppenzulage, die die Differenz zwischen den Tarifentgeltgruppen 4 und 6 kompensiert.

Vor diesem Hintergrund sollte der Bewerber im Vorstellungsgespräch mit dem Personaldisponenten intensiv die Nachfragesituation der Kundenunternehmen und seine damit zusammenhängenden Einsatzmöglichkeiten erörtern.

Wird einem Bewerber mit Gesellenbrief und 3 Jahren Berufserfahrung konkret nur die Entgeltgruppe 1 angeboten, sollte man die Hintergründe eingehend hinterfragen. Fallen die Antworten nicht überzeugend aus, empfiehlt es sich, von dem betreffenden Zeitarbeitsunternehmen Abstand zu nehmen.

Verkaufen Sie sich nicht unter Wert!

Achten Sie darauf, in welche Tätigkeitsprofile Sie eingruppiert werden

Entgeltgruppe	**iGZ-Entgeltrahmen-Tarifvertrag (ERTV)** iGZ = Interessenverband Deutscher Zeitarbeitsunternehmen e.V.)	**AMP-(MVZ / INZ) ERTV** AMP = Arbeitgeberverband Mittelständischer Personaldienstleister e.V.) MVZ = Mittelstandsvereinigung Zeitarbeit e.V) iNZ = Interessengemeinschaft Nordbayerischer Zeitarbeitunternehmen e.V.)	**BZA-ERTV** BZA = Bundesverband Zeitarbeit Personaldienstleistungen e.V.
1	Ausführung von einfachen gleich bleibenden oder sich wiederholenden Tätigkeiten, die eine Einweisung oder Anlernzeit erfordern.	Ausführen von schematischen Tätigkeiten, für die keine Berufsvorbildung und kein spezielles Können, aber eine Einweisung erforderlich sind.	Tätigkeiten, die eine kurze Anlernzeit erfordern.
2	Ausführung von einfachen Tätigkeiten mit wechselnden Problemstellungen, die eine Einarbeitung erfordern oder für die fachbezogene Berufserfahrung und fachspezi-	Ausführen von einfachen Tätigkeiten nach festen Vorgaben, die berufliche Grundkenntnisse erfordern oder die nach einer Einarbeitung ausgeführt werden können.	Tätigkeiten, die eine Anlernzeit erfordern, die über die in der Entgeltgruppe 1 erforderliche Anlernzeit hinaus geht sowie Einarbeitung erfordern.

	fische Kenntnisse oder eine fachspezifische Qualifikation mit Berufserfahrung erforderlich sind.		
3	Ausführung von Tätigkeiten, für die im Regelfall eine abgeschlossene zweijährige Berufsausbildung oder eine fachspezifische Qualifikation und mehrjährige aktuelle Berufserfahrung erforderlich sind.	Ausführen von Tätigkeiten, für die grundsätzlich eine Berufsausbildung oder entsprechende Arbeitskenntnisse und Fertigkeiten mit Erfahrung Voraussetzung sind.	Tätigkeiten, für die Kenntnisse und Fertigkeiten erforderlich sind, die durch eine Berufsausbildung vermittelt werden. Diese Kenntnisse und Fertigkeiten können auch durch mehrjährige Tätigkeitserfahrung in der Entgeltgruppe 2 erworben werden.
4	Ausführung von Tätigkeiten, für die eine abgeschlossene, mindestens dreijährige Berufsausbildung und entsprechende aktuelle Arbeitskenntnisse und Fertigkeiten erforderlich sind.	Ausführen von schwierigeren Tätigkeiten, für die eine einschlägige Berufsausbildung oder eine vergleichbare nachweislich erworbene fachliche oder praktische Qualifikation erforderlich ist.	Tätigkeiten, für die Kenntnisse und Fertigkeiten erforderlich sind, die durch eine mindestens dreijährige Berufsausbildung vermittelt werden und die eine mehrjährige Berufserfahrung voraussetzen.
5	Selbstständige Ausführung von Tätigkeiten, für die eine abgeschlossene, mindestens dreijährige Berufsausbildung, entsprechende	Ausführen von schwierigen Tätigkeiten, für die eine einschlägige Berufsausbildung mit Berufserfahrung oder eine spezielle Berufsfort-	Tätigkeiten, die Kenntnisse und Fertigkeiten erfordern, die durch eine mindestens dreijährige Berufsausbildung vermittelt werden.

	aktuelle Arbeitskenntnisse und Fertigkeiten und mehrjährige fachspezifische Berufserfahrung erforderlich sind.	bildung mit mehrjähriger Berufserfahrung erforderlich ist.	Zusätzlich sind Spezialkenntnisse erforderlich, die durch eine Zusatzausbildung vermittelt werden, sowie eine langjährige Berufserfahrung
6	Selbstständige Ausführung von Tätigkeiten, für die eine abgeschlossene, mindestens dreijährige Berufsausbildung, entsprechende aktuelle Arbeitskenntnisse und Fertigkeiten, mehrjährige fachspezifische Berufserfahrung sowie zusätzliche spezielle Qualifikationsmaßnahmen erforderlich sind.	Ausführen von komplexen und schwierigen Tätigkeiten, für die eine Meister- oder Fachschulausbildung erforderlich ist, bei denen die Arbeitnehmer disziplinarische Verantwortung für Personal- und Sachwerte zu tragen haben oder Ausführen von komplexen und schwierigen Tätigkeiten, die zusätzlich zu Entgeltgruppe 5 spezielle Fachkenntnisse erfordern.	Tätigkeiten, die eine Meister- bzw. Technikerausbildung oder vergleichbare Qualifikationen erfordern.
7	Ausführung von speziellen Tätigkeiten, für die eine Meister-, Fachschul- oder Fachhochschulausbildung erforderlich ist, bei denen die Arbeitnehmer Verantwortung für Personal und Sachwerte zu tragen	Ausführen von komplexen und schwierigen Tätigkeiten, die zusätzlich zu Entgeltgruppe 6 Aufgaben mit höherer Verantwortung beinhalten, die umfangreiche angewandte Spezialkenntnisse und vol-	Tätigkeiten, die zusätzlich zu den Merkmalen der Entgeltgruppe 7 mehrjährige Berufserfahrung erfordern.

	haben oder selbstständig komplexe Aufgabenstellungen bewältigen müssen.	le Selbstständigkeit erfordern oder für die ein qualifizierter Hochschulabschluss, aber keine Berufserfahrung notwendig ist.	
8	Ausführung von Tätigkeiten, für die ein abgeschlossenes Fachhochschulstudium mit mehrjähriger fachspezifischer Berufserfahrung oder ein abgeschlossenes Hochschulstudium erforderlich ist, bei denen selbstständig komplexe Aufgabenstellungen zu bewältigen sind.	Ausführen von sehr komplexen und schwierigen Tätigkeiten für Fachkräfte, für die ein qualifizierter Hochschulabschluss, mit geringer Berufserfahrung notwendig ist.	Tätigkeiten, die ein Fachhochschulstudium erfordern.
9	Selbstständige Ausführung von Tätigkeiten, für die ein abgeschlossenes Hochschulstudium und mehrjährige fachspezifische Berufserfahrung erforderlich sind, bei denen die Arbeitnehmer hohe Verantwortung für Personal und Sachwerte zu tragen und selbstständig komplexe organisatorische oder innovative Aufgabenstellungen zu bewältigen haben.	Ausführen von sehr komplexen und schwierigen Tätigkeiten für Fachkräfte, für die ein qualifizierter Hochschulabschluss mit mehrjähriger Berufserfahrung notwendig ist.	Tätigkeiten, die ein Hochschulstudium bzw. Tätigkeiten, die ein Fachhochschulstudium und mehrjährige Berufserfahrung erfordern.

Bestandsgarantie der Stammentgeltgruppe

Startet der Arbeitnehmer seine Karriere als externer Mitarbeiter in der Entgeltgruppe 4, können nicht nur höherwertige Tätigkeiten, sondern in gewissen Situationen (Änderung der Auftragsstrukturen) durchaus auch weniger qualifizierte Tätigkeitsbereiche zugewiesen werden. Dieses Dispositionsrecht der Zeitarbeitsfirma löst aber keinen negativen Automatismus mit der Folge aus, dass für die Einsatzphasen mit weniger anspruchsvollen Arbeitsabläufen nur noch das Tarifentgelt nach den Entgeltgruppen 1 bis 3 bemessen wird.

> Der Arbeitnehmer hat unabdingbar Anspruch auf das Tarifentgelt gemäß seiner ursprünglichen Stammentgeltgruppe.

In unserem Beispiel steht Klaus Werner also unabhängig davon, wie er eingesetzt wird, in jedem Fall ein Entgelt nach Entgeltgruppe 4 zu.
Eine Herabgruppierung kann nur im Einvernehmen (schriftliche Vereinbarung) mit dem betroffenen Leiharbeitnehmer erfolgen. Kommt keine Einigung zustande, kann die Zeitarbeitsfirma eine Änderungskündigung aussprechen. Im Falle einer Änderungskündigung greift dann das Kündigungsschutzgesetz, sofern zum Zeitpunkt des Zugangs der Kündigung das Leiharbeitsverhältnis länger als 6 Monate rechtlich bestanden hat. Die Hürden für eine erfolgreiche Änderungskündigung hat der Gesetzgeber für den Arbeitgeber allerdings hoch aufgehangen.

Die Tarifentgelte

Eine Übersicht über die wichtigsten Entgelttarifverträge (AMP, BZA, iGZ; Stand März 2005) finden Sie auf den folgenden Doppelseiten.

Entgeltdifferenzierung alte und neue Bundesländer

Die Tarifentgelte in den neuen Bundesländern fallen deutlich geringer aus als die Tarifentgelte der alten Bundesländer.

Einsatzortprinzip: Werden die Zeitarbeitnehmer in Kundenbetrieben bzw. auf Baustellen eingesetzt, die geografisch den alten Bundesländern zuzuordnen sind, dürfen die BZA-/iGZ-Tarifentgelte nicht reduziert werden.
Standortprinzip: Die AMP (INZ-/MVZ)-Tarifentgelte der neuen Bundesländer sind dagegen statisch definiert. Die geringeren Tarifentgelte auf Basis des Entgelttarifvertrages für die neuen Bundesländer werden auch für Einsätze in den alten Bundesländern zugrunde gelegt. Entscheidend ist einzig und allein der Sitz des Zeitarbeitsunternehmens bzw. der Filiale.

Konstante Monatseinkommen

Die Tarifentgelte vermitteln den Eindruck, dass Zeitarbeitnehmer Stundenlöhner sind. Tatsächlich beziehen Zeitarbeitnehmer konstante Monatseinkommen (sog. „verstetigtes Entgelt auf Monatszeitbasis"). Die tarifliche Arbeitszeit eines Vollzeitbeschäftigten beträgt mindestens 151,67 Monatsstunden. Die konkret zu leistende Arbeitszeit richtet sich nach den betrieblichen Arbeitszeitregimen der Kundenfirmen (Entleiher). Die Abweichungen zwischen den faktisch in den Kundenbetrieben geleisteten Stunden von der tariflichen Mindestarbeitszeit werden in Arbeitszeitkonten als Plus- bzw. Minusstunden abgebildet.

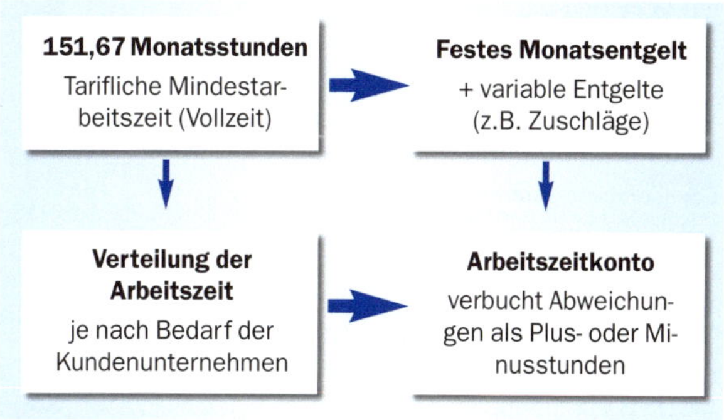

Zeitarbeitnehmer beziehen konstante Monatseinkommen

Tarifentgelte im Vergleich

AMP (Arbeitgeberverband Mittelständischer Personaldienstleister e.V.)

BZA (Bundesverband Zeitarbeit Personaldienstleistungen e.V.)

iGZ (Interessenverband Deutscher Zeitarbeitsunternehmen e.V.)

Entgeltgruppe	E 1	E 2	E 3
Alte Bundesländer: länger als 6 Monate unter Vertrag			
AMP	6,80 €	7,34 €	7,96 €
BZA ab 01/2005 ohne Einsatzzulagen	7,02 €	7,43 €	8,92 €
iGZ Eingangsstufe ab 01.03.2005	7,00 €	7,41 €	8,12 €
Alte Bundesländer: kürzer als 6 Monate unter Vertrag /			
AMP (ohne Kürzung 9,5 %) gem. Ziffer 4 ERTV	6,80 €	7,34 €	7,96 €
AMP (Kürzung Ziff. 4 ERTV)	6,15 €	6,64 €	7,20 €
BZA ab 01/2005 ohne Einsatzzulagen	7,02 €	7,43 €	8,92 €
iGZ Eingangsstufe ab 01.03.2005	7,00 €	7,41 €	8,12 €
Neue Bundesländer : länger als 6 Monate unter Vertrag			
AMP	5,60 €	6,17 €	6,50 €
BZA ab 01/2005 ohne Einsatzzulagen	6,28 €	6,65 €	7,98 €
iGZ Eingangsstufe ab 01.07.2005	6,06 €	6,41 €	7,03 €
Neue Bundesländer: kürzer als 6 Monate unter Vertrag /			
AMP (ohne Kürzung)	5,60 €	6,17 €	6,50 €
AMP (Kürzung Ziff. 4 ERTV)	5,60 €	5,60 €	5,90 €
BZA ab 01/2005 ohne Einsatzzulagen	6,07 €	6,43 €	7,72 €
iGZ Eingangsstufe ab 01.07.2005	6,06 €	6,41 €	7,03 €

Stand März 2005

Die Tarifentgelte von AMP und iGZ besitzen Gültigkeit bis zum 31.12.2005.

Die BZA-Tarifentgelte sollen sich zum 01.01.2006 um 2,5 Prozent erhöhen.

Die Tarifentgelte der neuen Bundesländer sind bei BZA und iGZ um exakt 13,5 Prozent gegenüber den alten Bundesländern reduziert. Für 2006 wird mit einer Verringerung dieser Differenz gerechnet.

E 4	**E 5**	**E6**	**E 7**	**E 8**	**E 9**
8,55 €	10,20 €	11,53 €	13,46 €	14,48 €	15,30 €
9,43 €	10,66 €	11,79 €	12,81 €	13,84 €	15,89 €
9,04 €	10,05 €	11,05 €	12,15 €	13,27 €	15,77 €

Tarifentgelt Probezeit

8,55 €	10,20 €	11,53 €	13,46 €	14,48 €	15,30 €
7,74 €	9,23 €	10,43 €	12,18 €	13,10 €	13,85 €
9,43 €	10,66 €	11,79 €	12,81 €	13,84 €	15,89 €
9,05 €	10,05 €	11,05 €	12,15 €	13,27 €	15,77 €

(Stand 01.02.2005)

7,41 €	8,23 €	8,89 €	9,71 €	10,70 €	11,60 €
8,44 €	9,54 €	10,55 €	11,47 €	12,38 €	14,22 €
7,82 €	8,69 €	9,56 €	10,51 €	11,47 €	13,64 €

Reduziertes Tarifentgelt (Stand 01.02.2005)

7,41 €	8,23 €	8,89 €	9,71 €	10,70 €	11,60 €
6,30 €	7,45 €	8,05 €	8,79 €	9,68 €	10,50 €
8,16 €	9,22 €	10,20 €	11,08 €	11,97 €	13,74 €
7,82 €	8,69 €	9,56 €	10,51 €	11,47 €	13,64 €

Die oben dargestellte Variante basiert auf dem BZA- sowie AMP-Manteltarifvertrag.
Im Gegensatz dazu sieht der iGZ-Manteltarifvertrag ein rollierendes Monatsarbeitszeitmodell vor. In Abhängigkeit von der Anzahl der Arbeitstage je Kalendermonat variieren die Monatsbezüge:

140 Std./Monat	–	zu 20 Arbeitstagen
147 Std./Monat		zu 21 Arbeitstagen
154 Std./Monat	–	zu 22 Arbeitstagen
161 Std./Monat	–	zu 23 Arbeitstagen

Der AMP-Manteltarifvertrag lässt den Arbeitsvertragsparteien (Arbeitgeber und Arbeitnehmer) auch diese Gestaltungsvariante als alternatives Arbeitszeitmodell zu.

In der Praxis handelt sich bei den tariflichen Arbeitszeitdefinitionen lediglich um Rechengrößen für die Bestimmung der monatlichen Arbeitseinkünfte. Zeitarbeitnehmer haben keine starren tariflichen Arbeitszeiten. Sie sind als externe Mitarbeiter in die unterschiedlichsten Arbeitszeitregelungen ihrer jeweiligen Einsatzbetriebe eingebettet.

Wie viele Stunden Zeitarbeitnehmer tatsächlich je Woche bzw. Monat zu leisten haben, entscheiden letztlich immer die Kunden – nicht die Zeitarbeitstarifverträge.

Es besteht also eine strikte Trennung (Entkoppelung) von geleisteter Arbeitszeit und Entgelt. Umso wichtiger sind die Buchungsvorgänge in den Arbeitszeitkonten.

Arbeitszeitkonto

Durch den rechnerischen Abgleich der in den Kundenbetrieben tatsächlich geleisteten Stunden mit den tariflichen Arbeitszeiten kommt es gewissermaßen automatisch zu „Plus-“ bzw. „Minusstunden“.
Alle Branchentarifverträge enthalten umfängliche Regularien („technische Stellschrauben“) über den Umgang mit dem Arbeitszeitkonto in der Personalpraxis.

Bezahlter Freizeitausgleich wird von den Zeitarbeitsunternehmen unter Berücksichtigung ihrer betrieblichen Interessen vor allem nach Absolvierung eines Kundeneinsatzes gewährt, um die Wartezeit bis zu Beginn eines neuen Kundeneinsatzes zu überbrücken.
Ein im Plus stehendes Arbeitszeitkonto federt dabei das wirtschaftliche Unternehmerrisiko im Falle eines Nichteinsatzes ab. Kritisch wird es dagegen, wenn der Saldo des Arbeitszeitkontos ins Minus gleitet. Können die Minusstunden nicht mehr dadurch kompensiert werden, dass der Arbeitnehmer entsprechend nacharbeitet, um den Saldo seines Arbeitszeitkontos wieder ins Plus zu führen, kann die „Stunde der Wahrheit schlagen", indem das Zeitarbeitsunternehmen das Arbeitsverhältnis beendet.
Die Tarifvertragsparteien haben im Interesse der Arbeitnehmer für dieses Szenario unterschiedlich ausgeprägte Sicherheitsvorkehrungen getroffen.

- § 4.6 BZA-MTV
  „Im Falle des Ausscheidens eines Mitarbeiters ist der Saldo auf dem Arbeitszeitkonto wie folgt auszugleichen: Plusstunden werden abgegolten, Minusstunden werden bei Eigenkündigung des Mitarbeiters bzw. außerordentlicher Kündigung bis zu 35 Stunden verrechnet, soweit eine Nacharbeit betrieblich nicht möglich ist."
- Der iGZ-Manteltarifvertrag bestimmt, dass das Dispositionsrecht seitens der Zeitarbeitsfirma nicht zu einem negativen Zeitguthaben des Arbeitnehmers führen darf (siehe Ziff. 3.2.3 letzter Satz iGZ-MTV).
- Ziff. 3.7.16 AMP-MTV
  „Bei Beendigung des Arbeitsverhältnisses können Minusstunden mit Entgeltansprüchen verrechnet werden bzw. sind Minusstunden vom Arbeitnehmer zurückzuzahlen, soweit sie auf Veranlassung des Arbeitnehmers entstanden sind. Die Auszahlung von Guthabenstunden erfolgt mit dem letzten maßgeblichen Tarifentgelt, soweit nicht gesetzlich etwas anderes vorgeschrieben ist."

Fahrgeld und Reisekosten

Herausragende Bedeutung besitzt in der Zeitarbeitsbranche der Aspekt der Fahrgeld- bzw. Auslösezahlungen. Werden zur Erreichung der zugewiesenen überbetrieblichen Arbeitseinsätze die Reisekosten erstattet? Hat das Zeitarbeitsunternehmen eine generelle Reisekostenregelung ausgearbeitet oder wird das ganz individuell von Auftrag zu Auftrag vom Personaldisponenten festgelegt?
Als einziger Flächentarif beinhaltet der Manteltarifvertrag zwischen dem Bundesverband Zeitarbeit Personaldienstleistungen e.V. (BZA) und den DGB-Gewerkschaften hierzu klare Vorgaben. Die folgenden BZA-MTV-Regelungen besitzen daher richtungsweisende Pilotfunktion.

- § 8.3 BZA-MTV
  „Sofern für den einfachen Weg außerhalb der Arbeitszeit von der Niederlassung / Geschäftsstelle zum Einsatzort beim Kundenbetrieb mehr als 1,5 Stunden bei Benutzung des zeitlich günstigsten öffentlichen Verkehrsmittels aufgewendet werden müssen, erhält der Mitarbeiter die über 1,5 Stunden hinausgehende Wegezeit je Hin- und Rückweg mit den tariflichen Entgelten nach §§ 2 bis 4 des Entgelttarifvertrages bezahlt, sofern er diese Wegezeit tatsächlich aufgewandt hat."

- § 8.4 BZA-MTV
  „Beträgt der zeitliche Aufwand für die Wegezeit im Sinne von 8.3 mehr als 2 Stunden, hat der Mitarbeiter Anspruch auf Übernahme von Übernachtungskosten nach folgender Maßgabe: Das Zeitarbeitsunternehmen übernimmt grundsätzlich die Organisation der Unterbringung und die Kosten in voller Höhe. Bei erforderlicher Eigenorganisation einer Unterkunft durch den Mitarbeiter werden die Kosten nach vorheriger Genehmigung und Vorlage einer entsprechenden Quittung / Rechnung vom Arbeitgeber übernommen bzw. erstattet. Alternativ kann eine Übernachtungspauschale in Höhe der steuerlichen Sätze vereinbart werden."

- § 8.5 BZA-MTV
  „Der Mitarbeiter hat Anspruch auf Verpflegungskostenmehraufwand (VMA) nach Maßgabe der steuerlichen Vorschriften."

- § 8.7 BZA-MTV
  „Sonstiger Aufwendungsersatz gemäß § 670 BGB ist einzelvertraglich zu regeln."

Aber Vorsicht! Nach § 8.6 BZA-MTV kann das Tarifentgelt um bis zu 25 Prozent gekürzt werden, wenn dem Arbeitnehmer Reisekosten, wie zum Beispiel pauschalierte Mehrverpflegungsaufwendungen gezahlt werden!

Übertarifliche Entgelte und außertarifliche Zulagen

Es gibt Personaldienstleister, die dem Arbeitnehmer im Formulararbeitsvertrag unabhängig vom Kundeneinsatz dauerhaft „AT-Zulagen" als festen Entgeltbestandteil zusichern. Diese werden in der Regel mit einer so genannten „Aufzehrungsklausel" verknüpft. Für den Fall einer Tarifentgelterhöhung wird die freiwillige außertarifliche Zulage „wertgleich" abgeschmolzen.

Freiwillige außertarifliche Zulagen

Häufig per Zusatzvereinbarung (im Rahmen der schriftlichen Einsatzmitteilung) für die Dauer eines bestimmten Kundeneinsatzes; mit Einsatzende im namentlich genannten Kundenbetrieb wird zeitgleich die Zahlung (Buchung) gestoppt.

Variable Tarifentgeltbestandteile

z.B. Mehrarbeitszuschläge; Nacht-, Sonn- und Feiertagszuschläge; BZA-Einsatzzulage für mehrmonatige ununterbrochene Einsatzdauer in demselben Kundenbetrieb.

Tarifentgelt gemäß Eingruppierung

Entgeltzusammensetzung

Der Arbeitsvertrag

Zu den wichtigsten Werkzeugen der Personaldienstleister zählt der Formulararbeitsvertrag.
Anders als in anderen Branchen ist er in der Regel sehr umfangreich – durchschnittlich 3 bis 5 DIN-A4-Seiten. Seriöse Zeitarbeitsunternehmen händigen den Arbeitsvertrag vor Beginn der Beschäftigungsaufnahme im zugewiesenen Kundenbetrieb aus.

Termineinstellung – Aushändigung

Der Arbeitnehmer sollte nur für Zeitarbeitsunternehmen arbeiten, die den Arbeitsvertrag unterschriftsreif – mit einem konkreten Datum des Beginn des Arbeitsverhältnisses – ausfertigen und vor Beginn des ersten Kundeneinsatzes aushändigen und unterzeichnen.
Auf Zusatzvereinbarungen, die Erklärungen beinhalten, dass der Arbeitnehmer die ersten ein bis zwei Einsatztage ohne Anspruch auf Arbeitsentgelt sozusagen zum Null-Tarif arbeitet, da er im Kundenbetrieb zunächst erprobt werden würde, sollte man sich nur einlassen, wenn diese Regelung zuvor mit der zuständigen Arbeitsagentur vor Ort abgesprochen wurde.

Inhalte

Die folgende Auflistung ist weder vollständig noch abschließend, sondern umfasst wesentliche Aspekte, die in der Personalpraxis eine herausragende Rolle spielen. In Gänze werden natürlich wesentlich mehr Punkte im Arbeitsvertrag fixiert – siehe § 11 Abs. 1 AÜG in Verbindung mit § 2 NachwG.
In der Regel ist das Direktionsrecht des Zeitarbeitsunternehmens als Vertragsarbeitgeber besonders stark ausgeprägt.

Wesentliche Inhalte des Arbeitsvertrages

- Bezugnahmeklausel Zeitarbeitstarifverträge
- Art der Tätigkeiten / Berufsbezeichnung (Verweis auf schriftliche Einsatzmitteilungen)

- Einsatzgebiet
  Die Leiharbeitnehmer bekommen den Hinweis, ob sie mit Einsätzen nur im Großraum der Geschäftsstelle (z.B. Hamburg) oder mit bundesweiten oder sogar internationalen Einsätzen im gesamten europäischen Wirtschaftsraum zu rechnen haben.
- Entgeltgruppe
- Tarifentgelt, das in der Regel als Stundenlohn ausgewiesen ist
- Übertarifliche Zulagen (optional)
  in der Regel mit so genannter Aufzehrungsklausel
- Qualität des Arbeitsvertrages:
  befristet oder unbefristet
- Arbeitszeitvolumen: Vollzeit (in der Regel 151,67 Std./Monat) oder Teilzeit (bei ausdrücklicher Verständigung zwischen Personaldisponent und Mitarbeiter)
- Mehrarbeit
  in der Zeitarbeitsbranche ist der Arbeitnehmer generell verpflichtet, entsprechend den Arbeitszeitregelungen der Einsatzbetriebe zu arbeiten. Insofern ist die 35-Stunden-Woche in einem Leiharbeitsvertrag wenig maßgebend.
- Lage und Verteilung der Arbeitszeit analog der betrieblichen Arbeitszeiten der jeweiligen Kundenfirma
- Arbeitszeitkonto
- Garantiezahlungsverpflichtung für Zeiten des Nichteinsatzes
- Meldeverpflichtungen
- Urlaubsanspruch
- Lohnfortzahlung im Krankheitsfall
- Vertragsstrafen
- Kündigungsfristen

Behördliches Merkblatt

Bei jeder Neueinstellung wird dem Arbeitnehmer das behördliche „Merkblatt für Leiharbeitnehmer" der Bundesagentur für Arbeit ausgehändigt (http://www.arbeitsagentur.de/content/de_DE/hauptstelle/a-08/importierter_inhalt/pdf/merkblatt_leihan.pdf). Hierzu sind die Zeitarbeitsfirmen als Vertragsarbeitgeber gesetzlich verpflichtet (§§ 11 Abs. 2 und 16 Abs. 1 Nr. 8 AÜG.). Bei Nichtbeachtung droht sogar ein Bußgeld!

2.5 Worauf sollte man bei der Wahl eines Zeitarbeitunternehmens achten?

Hier kommt es weniger darauf an, ob eine AÜG-Erlaubnis vorhanden ist. Diese Lizenz ist Standard, da sie gesetzlich zwingend als Voraussetzung für die Arbeitnehmerüberlassung vorgeschrieben ist. Wichtiger ist die Seriösität des Zeitarbeitsunternehmens.

Kann der Arbeitnehmer sich auf die positiven Aussagen und Werbeversprechen der Zeitarbeitsunternehmen verlassen?

Hierauf sollte der Fokus gerichtet werden, schließlich will jeder Mensch nach Möglichkeit Enttäuschungen und negative Erfahrungen vermeiden.
Damit nicht nach den ersten Einsatztagen in der Zeitarbeitswelt das Reklamieren und Lamentieren beginnt, sollte der Arbeitnehmer nach Möglichkeit sicherstellen, dass der bzw. die vorgeschlagenen Kundeneinsätze in etwa dem eigenen Qualifikationsniveau und auch seinen individuellen Vorstellungen entsprechen.
Das setzt voraus, dass der Disponent sich zum einen fachlich im Berufssektor des Arbeitnehmers auskennt und zum anderen bereit ist, sich detailliert mit dessen Wünschen auseinander zu setzen.
Etliche Zeitarbeitsunternehmen stellen ihr gesamtes Innendienstteam (Geschäftsführer, Niederlassungsleiter, Disponenten, Assistenten, Empfangssekretärin, Lohnbuchhalter, Sach-

bearbeiter, Auszubildender) auf ihren Websites vor. Hier kann möglicherweise sogar der berufliche Werdegang der Disponenten eingesehen werden. Mehrjährige Firmenzugehörigkeit der Disponenten ist ein Indiz für die Kontinuität und Verlässlichkeit der Firma.
Oft können im so genannten Kundensektor der Websites Referenzschreiben von Kundenfirmen eingesehen werden. Dort äußern sich Einsatzbetriebe über ihre Zufriedenheit mit den externen Mitarbeitern, die von dem Zeitarbeitsuntenehmen geschickt worden sind. Finden sich hier positive Stellungnahmen, spricht dies für die Qualität des Personaldienstleisters.

Folgende Themen sollten vor Abschluss eines Vertrages geklärt unbedingt werden:

Vor Abschluss eines Vertrages zu beachten

- Werden konkrete Aussagen über die Einsatzmöglichkeiten in Kundenbetrieben gemacht?
- Wird klar und offen über den Aspekt der „Übernahme" gesprochen?
- Stimmt die Eingruppierung?
- Wo sind die Einsatzbetriebe geografisch angesiedelt?
- Muss sich der Arbeitnehmer auf Fern- und ggf. Auslandseinsätze (im gewerblichen Bereich „Fernmontage" genannt) einstellen?
- Wie verhält es sich mit den Arbeitszeiten in den Einsatzbetrieben (Schichtarbeit; Wochenendeinsätze)?
- Wird der Anstellungsvertrag angesprochen und werden seine Inhalte in den wesentlichen Punkten erörtert?
- Wird das Vollzeit-Niveau gemäß dem Zeitarbeitstarifvertrag schriftlich im Anstellungsvertrag fixiert (151,67 Std./Monat oder 35 Std./Woche)?
- Wie ist der erste Eindruck von dem zuständigen Personaldisponenten? Die Chemie zwischen Disponent

und Zeitarbeitnehmer sollte grundsätzlich stimmen. Das ist besonders dann wichtig, falls es zu Problemen im Einsatzbetrieb kommt und der Disponent seinem Mitarbeiter den Rücken stärken muss.

- Wie fällt der erste Gesamteindruck von dem Zeitarbeitsunternehmen aus? (Räumlichkeiten der Geschäftsstelle, Umgangston, Atmosphäre/Betriebsklima, Arbeitsabläufe, Erscheinungsbild und Auftreten der Innendienstmitarbeiter)

  Entsprechen die eigenen subjektiven Kriterien der angetroffenen Unternehmenskultur?

- Werden die Kommunikationswege erörtert?
  - Übermittlung neuer Kundeneinsätze (schriftliche Einsatzmitteilung)
  - Meldeverpflichtungen aufseiten des Arbeitnehmers

Grundsätzlich gilt:

Der Jobsuchende sollte mit den Personaldisponenten von drei bis fünf Zeitarbeitsunternehmen sprechen, um Vergleiche ziehen und das für ihn vorteilhafteste Angebot finden zu können.

Auf den Punkt gebracht

Zeitarbeit ist „salonfähig" geworden

- Der Job bei einer Zeitarbeitsfirma hat den Stellenwert eines normalen / konventionellen Anstellungsverhältnisses. Die überbetrieblichen Kundeneinsätze haben mit dem Schmuddelimage eines Verschiebebahnhofs, auf dem Hilfstätigkeiten für Tagelöhner disponiert werden, nichts mehr zu tun.
- Zeitarbeitnehmer müssen belastbar sein. Mobilität, Flexbilität und Anpassungsfähigkeit zählen zu den Grundvoraussetzungen.
- Zeitarbeitnehmer erhalten umfangreiche schriftliche Anstellungsverträge.
- Die Zeitarbeitstarifverträge sorgen für Transparenz, welche Tarifentgelte gezahlt und welche sozialen Leistungen eingefordert werden können.
- Die Beschäftigung als Zeitarbeitnehmer kann einen Karrieresprung vorbereiten. In der Zeitarbeit kann man die Möglichkeit nutzen, sich ein breites Erfahrungsspektrum anzueignen, da man als Zeitarbeitnehmer in die unterschiedlichen Kundenfirmen gelangt und die verschiedensten Einsatzbereiche kennen lernt.
- Die Kundenfirmen sind häufig die zukünftigen Arbeitgeber. Vor Ort lassen sich nützliche Kontakte knüpfen und man kann seine Kompetenzen unter Beweis stellen. Es existieren keine wettbewerbsrechtlichen Schranken, die den Arbeitgeber- bzw. Statuswechsel vom Zeitarbeitnehmer zum Stammbeschäftigten unterbinden.
- Die Kundenfirmen rekrutieren ihr Personal immer häufiger durch die Zusammenarbeit mit Personaldienstleistern („temp to perm" = temporary to permanent).
- Um die richtige Zeitarbeitsfirma zu finden, sollten mindestens drei persönliche Vorstellungsgespräche geführt werden.

3 Zeitarbeit aus Kundensicht

Flexible Personalpolitik zahlt sich aus

3.1 Warum Zeitarbeit für Unternehmen?

Vom Bedarf zum Konzept

Im Jahre 1948 gründeten Elmer L.Winter und Aaron Scheinfeld mit der Firma Manpower das erste Zeitarbeitsunternehmen. Diese Firmengründung war ein Kind der Not: Die beiden amerikanischen Rechtsanwälte mussten nämlich immer wieder leidvoll erleben, dass es in ihrer Kanzlei zu Personalengpässen kam, weil es entweder durch Erkrankungen Ausfälle gab oder weil unerwartete Aufträge das Arbeitsaufkommen kurzfristig erhöhten. Das Abfedern dieser Belastungsspitzen war aber auch nicht Grund genug, um dauerhaft zusätzliches Personal einszutellen. Vor diesem Hintergrund machten die beiden Rechtsanwälte folgende Überlegung: „Andere kämpfen mit Sicherheit mit ähnlichen Problemen und im Prinzip müsste es für solche Fälle eine Organisation geben, die anderen Unternehmen, wenn es brennt, für eine begrenzte Zeit qualifizierte Arbeitskräfte überlässt."
Das Konzept der Zeitarbeit war geboren, mit – wie sich inzwischen herausgestellt hat – weit reichenden Konsequenzen.

Vorteile und Nutzen für Unternehmen

Zeitarbeit erhöht die Wirtschaftlichkeit

- Anpassung des Personalbedarfs an die jeweilige Wirtschafts- und Auftragslage
- Abfedern von Auftragsspitzen
- Reduzierung fixer Personalkostenblöcke
- Umgehung restriktiver Regulierungen am Arbeitsmarkt

Zeitarbeit bringt eine administrative Entlastung

- Entlastung der Personalabteilung

Zeitarbeit hilft bei der Rekrutierung neuer Mitarbeiter

- Unterstützung in der Personalsuche
- Einsparung der Kosten für die Suche, Auswahl und Einstellug von dringend benötigtem Personal

Zeitarbeit schafft interne Kostentransparenz

- Personalkosten können aufwands- oder projektbezogen konketisiert werden

Zeitarbeit ist ein strategisches Planungsinstrument

- Bei schwankender Auftragslage oder in wirtschaftlich unsicheren Zeiten kann der Stamm an festen Mitarbeitern klein gehalten werden (beispielsweise 80 Prozent festes Personal und 20 Prozent flexibles Personal)

Zeitarbeitskräfte können punktuell qualifiziert werden

- Noch fehlende spezifische Kenntnisse können häufig kostengünstig, kurzfristig und modular geschult werden

<table>
<tr><th colspan="3">Intern: Stammbeschäftigte</th></tr>
<tr><td>◆ Befristete Arbeitsverträge
◆ Teilzeitverträge
◆ Minijobber
◆ Überstunden
◆ Kurzarbeit</td><td>Arbeitszeit-modelle
Arbeitszeit-konten</td><td>Telearbeit</td></tr>
<tr><th colspan="3">Extern: Fremdarbeitnehmer</th></tr>
<tr><td>◆ Arbeitnehmerüberlassung</td><td colspan="2">Zeitarbeit</td></tr>
<tr><td>◆ Fremdvergabe (Werkvertrag)
◆ Freie Mitarbeiter</td><td colspan="2">Outsourcing</td></tr>
</table>

Möglichkeiten der Flexibilisierung von Personal und Arbeitszeit

Zeitarbeit ist wesentliche Komponente einer strategischen Flexibilisierung von Personaleinsatz und Arbeitszeit!

Wirtschaftliche Kalkulation

Die wirtschaftliche Maßeinheit für den Einsatz externer Mitarbeiter ist der Stunden-Verrechnungssatz. In Abhängigkeit von den Anforderungsprofilen ihrer jeweiligen Kundenunternehmen kalkulieren die Zeitarbeitsunternehmen ihre Stundenverrechnungssätze individuell und einsatzbezogen.
Hier eine Kalkulation am Beispiel eines Maschinenschlossers (Facharbeiter, Stand April 2004).

Lohnkosten Zeitpersonal	Prozent	EUR
Stundenlohn/ EG 4, BZA-TV, neue Länder	41,67	8,44
Arbeitgeberanteil, Sozialversicherung (20,9 %) [1]	8,69	1,76
Lohnfortzahlung, Krankheit und Beschäftigungsrisiko	5,80	1,17
Urlaub	5,50	1,11
Verwaltungsberufsgenossenschaft (VBG – Gefahrtarifstelle 53 – gewerbliche Arbeitnehmer; ohne Herabsetzung; incl. Fremdumlagen/Insolvenz-Umlage) [2]	2,00	0,41
Reisekosten: Auslöse; Verpflegungsmehraufwand (VMA)	3,50	0,71
freiwillige Sozialleistungen, z. B. Urlaubs-/Weihnachtsgeld	2,50	0,51
Feiertage	1,70	0,34
sonstige Abgaben für Schwerbehindertenabgabe [3], Mutterschutzleistungen o. Ä.	0,93	0,19
arbeitsmed. Vorsorgeuntersuchung; Arbeitsschutzkleidung	0,41	0,08
Summe I – direkte Lohnkosten	**72,70**	**14,72**

Kosten Verwaltung	**Prozent**	**EUR**
Gehaltskosten Stammpersonal einschließlich Sozialleistungen	12,00	2,43
Allgemeine Verwaltungskosten (Telefon; Porto; externe Berater; GWG; Büromiete; Firmenfahrzeuge etc.)	6,00	1,22
Werbungskosten (inkl. Personalrekrutierungskosten)	4,05	0,82
Finanzierungskosten	2,50	0,51
Summe II – Verwaltungskosten	**24,55**	**4,98**
Gewinn vor Steuern	2,75	0,55
Verrechnungssatz je Stunde für das Kundenunternehmen	**100**	**20,25**

1 RV 19,5 % + ALV 6,5 % + PV 1,7 % + KV ca. 14,1 % = 41,8 % Gesamtbeiträge

2 Die Berechnung beruht auf den Erfahrungswerten für das Beitragsjahr 2004. Aus den Beitragsbescheiden kann abgeleitet werden, dass 4,9 % der Bruttolohnsumme als Beitrag zur Verwaltungsberufsgenossenschaft (VBG) erhoben wurden (Gefahrtarifstelle 53 – gewerbliche Arbeitnehmer mit der Gefahrklasse 10,66 zzgl. Insolvenzabgabe)

3 Ausgleichsabgabe § 77 SGB IX bis zu 260 EUR pro Monat je unbesetztem Pflichtplatz

Die Marktgegebenheiten stellen sich seit Ende der Neunzigerjahre so dar, dass der Kalkulationsfaktor, mit dem Kundenunternehmen die Kosten für einen Zeitarbeitnehmer berechnen, in der Regel bei 2,0 bis maximal 2,2 liegt (höchst selten bei 2,4).

$$\frac{\text{Stundenverrechnungssatz}}{\text{durch individuelles Arbeitsentgelt (Stundenbasis)}} = \textbf{Kalkulationsfaktor}$$

3.2 Preiskampf der Personaldienstleister

In der Branche tobt ein heftiger Verdrängungswettbewerb. Die großen Personaldiscounter streben offensichtlich um jeden Preis den Zuwachs ihrer Marktanteile an. Es werden mit den Kunden Stundenverrechnungssätze vereinbart, die eigentlich nur Minusgeschäfte sein können.

Qualitätsmanagement

Auch in der Zeitarbeitsbranche gilt der eherne Grundsatz der Marktwirtschaft: Qualität hat ihren Preis! Es kommt auf folgende Kriterien an:

So beurteilen Kundenunternehmen die Qualität eines Personaldienstleisters

- Kann das Zeitarbeitsunternehmen spezifische Anforderungsprofile bedienen?
- Stimmt das tatsächliche Leistungsprofil des disponierten Zeitarbeitnehmers mit dem überein, das versprochen wurde? Ist also nur eine kurze Einarbeitung am zugewiesenen Arbeitsplatz erforderlich?
- Wie gestaltet sich die Kommunikation und Betreuung durch den Personaldisponenten bzw. Kundenberater?
- Ist ein und derselbe Zeitarbeitnehmer für längere Zeit verfügbar oder kommt es zu Rotation bzw. permanentem Wechsel?
- Wie transparent sind Disposition und verfügbare Personalressourcen des Personaldienstleisters (edv-technischer Zugang für den Kunden in die Datenbank und relevante Controllingbereiche der Zeitarbeitssoftware)?

Soll der berechtigte Anspruch auf zuverlässige, motivierte und qualifizierte Zeitarbeitnehmer in der geschäftlichen Praxis gelebte Realität sein, kann dies nur bei angemessenen Stundenverrechnungssätzen funktionieren. Bei 12 € / Std. netto als

Stundenverrechnungssatz kann der Zeitarbeitnehmer bestenfalls 6 € brutto je Stunde verdienen. Hier fällt es begreiflicherweise schwer, von zufriedenen Arbeitnehmern auszugehen.
In der Praxis besteht vielfach eine hohe Fluktuation. Die Arbeitnehmer können keinen Sinn darin entdecken, für so wenig Geld hart arbeiten zu müssen. Gerade einmal im Kundenbetrieb eingewiesen und eingearbeitet, bleiben sie wenige Tage nach Einsatzbeginn der Arbeit fern und werden fortan nicht wieder gesehen ... ! Die Störung von Leistungserstellungsprozessen und eine Verschlechterung des Betriebsklimas sind damit vorprogrammiert.

Unternehmen, die Leiharbeitnehmer zu Dumpingpreisen einkaufen, sollten sich daher des hohen Risikos bewusst sein, das sie damit eingehen.

3.3 Der richtige Umgang mit Personaldienstleistern

Kontaktaufnahme zu Zeitarbeitsunternehmen

Die Entscheidungsträger der potienziellen Kundenfirmen haben in der Regel Mailingschreiben von verschiedenen Zeitarbeitsunternehmen vorliegen. Passende Personaldienstleister im regionalen Umfeld lassen sich auch sehr gut über das Internet recherchieren. Selbstverständlich geht es auch konservativ über das Branchentelefonbuch („gelbe Seiten“).
Wie findet man aber heraus, welche Zeitarbeitsfirma nun genau die richtige ist? Zuerst einmal hängt dies davon ab,welche speziellen Arbeitnehmerprofile nachgefragt werden. „Normale“ Standardprofile wie Handelsfachpacker oder Einzelhandelsverkäuferin können in der Regel die in der umliegenden Region des Standorts ansässigen Zeitarbeitsfirmen bedienen. Spezialisten allerdings, wie Triebwagenfahrer (Diesellok) oder Narkosekrankenschwester werden nur von spezialisierten Zeitarbeitsfirmen angeboten. Diese Anbieter sind naturgemäß nicht mit einem dichten Filialnetz in der Fläche präsent.

Checkliste: Auswahl der richtigen Zeitarbeitsfirma

- Ist das Unternehmen schon längere Zeit am Markt tätig? Nach drei Jahren kann die unbefristete AÜG-Erlaubnis vorausgesetzt werden.
- Kann das Unternehmen Referenzen und Unbedenklichkeitsbescheinigungen vorweisen?
- Wie aussagefähig sind die Websites hinsichtlich des Dienstleistungsportfolios?
- Ist das Büro des Zeitarbeitsunternehmens regelmäßig besetzt und verhalten sich die Ansprechpartner bei Ihren Anfragen immer freundlich und serviceorientiert?
- Findet zwischen Ihnen und dem Ansprechpartner eine offene Kommunikation statt?
- Hat der Ansprechpartner sich absolut vertrauenswürdig bei Ihnen vorgestellt?
- Bietet das Unternehmen vorab an, Ihren Betrieb und die zu besetzenden Arbeitsplätze intensiv zu begutachten?
- Kann der Ansprechpartner konkrete Angaben über die Leistungspotenziale einschließlich der Formalqualifikationen der Zeitarbeitnehmer machen?
- Kann das Zeitarbeitsunternehmen die zugesagten Qualifikationen zweifelsfrei dokumentieren?
- Gewährleistet Ihnen der Personaldienstleister beim ersten Kundeneinsatz eines Zeitarbeitnehmers dessen Begleitung und Vorstellung?
- Ist das Vertragsmanagement (der Überlassungsvertrag) klar und übersichtlich strukturiert?
- Gibt es Vertragsklauseln, die die etwaige Übernahme der Zeitarbeitnehmer behindern?
- Wird der Arbeitsschutz ausreichend abgehandelt?
- Wird unmittelbar nach Einsatzbeginn nachgefragt, ob Zufriedenheit mit den externen Mitarbeitern besteht?

Die Vorstellungen in den Unternehmen sind oft widersprüchlich

Die Ansprüche und Erwartungen der Kunden an Personaldienstleister sind hoch. Zeitarbeitnehmer sollten über Berufserfahrung verfügen, qualifiziert, kommunikativ, flexibel und belastbar und vor allem motiviert sein. Ihr Einsatz sollte sofort kündbar und es sollte ohne zeitaufwändige Rücksprache mit dem Personaldisponenten jederzeit eine Versetzung innerhalb des Betriebes möglich sein. Und das alles zu moderaten Stundenverrechnungssätzen mit langen Zahlungszielen.
Viele Unternehmen setzen ganzjährig Zeitarbeitnehmer in ihren Betrieben ein. Sie planen den Personalbedarf für das kommende Geschäftsjahr im Voraus und kalkulieren die Gesamtzahl der erforderlichen Arbeitsstunden, die extern einzukaufen sind. Für die unterschiedlichen Betriebseinheiten werden entsprechende Arbeitnehmerprofile definiert und diesen entsprechende „Einkaufspreise“ (Stundenverrechnungssätze) zugeordnet.
Dabei hat die Einkaufsabteilung zum Ziel, maximale „Mann-Stunden“ zu möglichst geringen Stundenverrechnungssätzen einzukaufen. In der Kommunikation und den Verhandlungen mit den Zeitarbeitsunternehmen werden die zu verrichtenden Tätigkeiten mit „low level“ umschrieben. So versuchen die Einkäufer ihre niedrigen Stundenverrechnungssatzvorgaben zu rechtfertigen.
Die Abteilungsleiter der Fachabteilungen, in denen die Leiharbeitnehmer eingesetzt werden sollen, erwarten dagegen in der Regel „high potentials“
Die Konflikte sind vorprogrammiert, weil es so zu einem Kannibalisierungseffekt kommt.
Vielfach werden die von denPersonaldienstleistern vor diesem Hintergrund geschickten Zeitarbeitnehmer von den Personalentscheidungsträgern des Kunden schon in der Einarbeitungsphase als nur bedingt oder gar nicht geeignet eingestuft. Es kommt zur außerplanmäßigen Abmeldung der Zeitarbeitnehmer. Gegenüber dem Zeitarbeitsunternehmen wird reklamiert

und argumentiert, dass wegen mangelnder fachlicher Eignung der überlassenen Arbeitskräfte die in Rechnung gestellten Einsatzstunden nicht gezahlt werden (siehe Seite 94).
Ursächlich für diese Störfälle ist vielfach weniger die schlechten Leistung der Personaldisponenten, als vielmehr der oben geschilderte Interessenkonflikt zwischen Einkaufs- und Einsatzabteilung innerhalb vieler Kundenunternehmen. Das Ausklammern bestimmter Aspekte im Anforderungsprofil kann keine Basis für eine längerfristige erfolgreiche Zusammenarbeit sein.

Exakte Anforderungsprofile erforderlich

Vor diesem Hintergrund kann Kundenunternehmen nur dringend angeraten werden, die Leistungsvorgaben und die hierfür vorauszusetzenden beruflichen Qualifikationen der gewünschten Leiharbeitnehmer eindeutig darzulegen.
Entsprechende Vorgaben können auch als Bestandteil des Überlassungsvertrages schriftlich dokumentiert werden.

> Je genauer das Profiling, um so größer ist die Wahrscheinlichkeit, dass auch der passgenaue Zeitarbeitnehmer disponiert werden wird.

Personaldisponenten seriöser Zeitarbeitsunternehmen sind in der Regel gerne bereit, den passenden Kandidaten persönlich im Kundenunternehmen vorzustellen. So kann sich der Kunde schon vor dem geplanten Einsatzbeginn von den Talenten des potenziellen externen Mitarbeiters überzeugen.

3.4 Der Überlassungsvertrag

Einzel-Überlassungsvertrag

In der überwiegenden Zahl der Fälle wird für jeden Personaltransfer ein personenbezogener Kontrakt ausgefertigt (ein Muster finden Sie auf der nächsten Doppelseite). Kommen also beispielsweise 10 Arbeitnehmer in demselben Kundenbetrieb zum Einsatz, werden zwischen Zeitarbeits- und Kundenfirma auch 10 Verträge unterzeichnet.

Rahmen-Überlassungsvertrag

Diese Vertragskonstruktion fokussiert die Geschäftsbeziehungen unabhängig von der Anzahl der benötigten Arbeitnehmer, deren konkreten Einsatzzeiträumen und Profilen in einem einzigen Kontrakt. Für jede konkrete „Personalbestellung“ wird ein zwischen den Vertragsparteien abgestimmtes Formular übermittelt.

Der in der Branche üblicherweise genutzte Rahmenvertrag beinhaltet für den Auftraggeber (Entleiher) keine Abnahmeverpflichtung. Dem Auftraggeber steht es also in der Regel frei, auch andere Zeitarbeitsfirmen zu beauftragen.

On-Site-Mangagement

In diesem Falle haben die Disponenten der ausgewählten Zeitarbeitsfirma ihr Büro auf dem Gelände des jeweiligen Kunden-Standorts. Sie werden in die Personalplanung des Kunden (Auftraggebers) eingebunden. Alle Anfragen nach Stellenbesetzungen durch externe Mitarbeiter werden dann diesem sog. „On-Site-Büro“ erteilt.

Master-Vendor-Konzept

Im Rahmen dieses Verfahren wird ein bestimmtes Zeitarbeitsunternehmen als Master-Vendor („First-Supplier“) privilegiert, alle Personalanforderungen des Kunden entgegenzunehmen. Zur Sicherstellung der Stellenbesetzungen werden oft auch weitere Zeitarbeitsfirmen als Ko-Lieferanten („Second-Supplier“) eingebunden.

Der Master-Vendor darf sich allerdings nicht vom Wettbewerb Arbeitnehmer entleihen, um die entliehenen Arbeitnehmer dann seinerseits seinem Auftraggeber zu überlassen.

Muster eines Überlassungsvertrages

Firmenanschrift
Firma1
Firma2
Straße
PLZ_Ort

Ausfertigungsdatum	

Arbeitnehmerüberlassungsvertrag	**Nr.**	

Anrede

Für Ihren Auftrag danken wir und stellen Ihnen nachstehend aufgeführten Mitarbeiter zur Verfügung.

Name, Vorname	
Arbeitsbereich / Tätigkeitsbezeichnung	
Tätigkeitsmerkmale	
Erforderliche Qualifikation	
Anmerkung / Erläuterung	*Nach § 12 Abs. 1 Satz 2 AÜG hat der Entleiher zu erklären, welche besonderen Merkmale die für den Leiharbeitnehmer vorgesehene Tätigkeit hat und welche berufliche Qualifikation dafür erforderlich ist.*

Arbeitsbeginn	Datumsfeld	Uhrzeit
Arbeitsort Anschrift der Betriebsstätte / Baustelle	Anschriftenfeld	
Vereinbarte wöchentliche Arbeitsstunden	Stundenzahl	Anmerkungen

Für die Überlassung unseres o.g. Mitarbeiters in dem o.a. Arbeitsbereich berechnen wir Ihnen

Stundenverrechnungssatz	€	Je Arbeitsstunde	Zuzüglich der gesetzlichen Mehrwertsteuer und Zuschläge siehe 3.6 AGB	**Preisgleitklausel** Siehe Ziffer 4 AGB
Auslöse	€	Arbeitstäglich		
Fahrgeld	€	Arbeitstäglich		

Es bestehen allein vertragliche Beziehungen zwischen uns als Personaldienstleister (Verleiher) und Ihnen als Auftraggeber (Entleiher) gemäß dem deutschen Arbeitnehmerüberlassungsgesetz (AÜG). Die hierfür erforderliche behördliche Genehmigung erteilte uns das zuständige Landesarbeitsamt (*Name)* in (*Sitz)* erstmals am 00.00.0000.

Arbeitsschutzvereinbarung / Arbeitssicherheit
Unter Berücksichtigung des § 11 Abs. 6 AÜG wird zwischen den Vertragsparteien eine gesonderte Arbeitschutzvereinbarung getroffen – **siehe Anlage**.

Vermittlung
Bei Übernahme des o.g. Mitarbeiters während der ersten zwölf Überlassungsmonate schuldet der Entleiher dem Personaldienstleister eine Vermittlungsgebühr gemäß —— umseitiger Geschäftsbedingungen.

Tarifvertrag - Erklärung des Personaldienstleisters
Hiermit erklären wir, dass wir die vom XY Zeitarbeit-Verband e.V. und der ZZ Tarifgemeinschaft Zeitarbeit abgeschlossenen Tarifverträge vom Datum (*Alternativ: in der jeweils gültigen Fassung*) einzelvertraglich mit unseren Mitarbeitern vereinbart haben.

Für diese Personalgestellung gelten die umseitig aufgeführten Allgemeinen Geschäftsbedingungen (AGB) sowie oben aufgeführte Bedingungen.

Datum; Personaldienstleister GmbH

Datum; Unterschrift und Stempel des Auftraggebers

Bitte senden Sie uns einen Vertrag unterschrieben zurück, um der Schriftformerfordernis des § 12 Abs. 1 AÜG gerecht zu werden.

Das Verbot dieser sog. Kettenüberlassung wird aus § 1 Abs. 2 AÜG hergeleitet. Die Ko-Lieferanten schließen vielmehr direkt mit dem Auftraggeber die Überlassungsverträge nach § 12 AÜG ab.

3.5 Rechte und Pflichten des Zeitarbeitsunternehmens (Verleiher)

Das Zeitarbeitsunternehmen hat entsprechend dem Anforderungsprofil des Kunden den passenden Zeitarbeitnehmer zu disponieren.

Anforderungen an den Leiharbeitnehmer

Die spezifischen Anforderungen, die der Kunde hinsichtlich der zu verrichtenden Tätigkeiten an einen Leiharbeitnehmer stellt und die dafür erforderlichen beruflichen Qualifikationen sowie die persönliche Eignung stehen hier im Mittelpunkt.

Fachliche Eignung

Das Zeitarbeitsunternehmen schuldet die Entsendung eines für die vorgesehene Tätigkeit tauglichen Arbeitnehmers (§ 243 Abs. 1 BGB). Disponiert der Personaldienstleister einen fachlich nicht geeigneten Arbeitnehmer, entsendet er also z.B. einen Mitarbeiter *ohne* Berufserfahrung, wenn vom Kundenunternehmen ein Mitarbeiter *mit* Berufserfahrung angefordert wurde, spricht man von einem sog. Auswahlfehler.

> Arbeitet ein in diesem Sinne ungeeigneter Arbeitnehmer im Kundenbetrieb und richtet dort Schäden an, haftet das Zeitarbeitsunternehmen, wenn der Auswahlfehler der Grund für die entstandenen Schäden ist.

Ausschlaggebend sind hier – sollte es zu einem Rechtsstreit kommen – einzig und allein die im Überlassungsvertrag schriftlich formulierten Tätigkeitsbeschreibungen und Qualifikationsvoraussetzungen.

Vor dem Hintergrund eines in dieser Hinsicht nur ungenügend ausgestalteten Vertrages zwischen einem Personaldienstleister und einem Kundenunternehmen entschied das Oberlandesgericht Celle einen hier beispielhaft wiedergebenen Fall wie folgt (Beschluss vom 15.07.1999, Aktenzeichen 11 u 341/98):

Ein Zeitarbeitnehmer wurde als Elektroinstallateur vom Kundenunternehmen im Rahmen handwerklicher Aufträge in zahlreichen Neubauwohnungen eingesetzt. Der Kunde war nach Einsatzende nicht bereit, die Rechnungen in Höhe von zuletzt 4.193,63 DM basierend auf dem Überlassungsvertrag zu zahlen. Das Zeitarbeitsunternehmen klagte daraufhin auf Zahlung der Rechnungen.
Der Kunde argumentierte, dass der Zeitarbeitnehmer allenfalls als Hilfsarbeiter zu gebrauchen gewesen sei, sodass der Stundenverrechungssatz von 39,90 DM maßlos überzogen sei und lediglich 15 DM berechtigt seien. Zudem seien in den Wohnungen Schäden in Höhe von 8.110,15 DM entstanden, die von der beklagten Kundenfirma als Gegenansprüche geltend gemacht wurden.
Das Oberlandesgericht entschied zugunsten der Zeitarbeitsfirma. Der Kunde habe sich über die Rechtsvorschrift des § 12 AÜG hinweggesetzt, gemäß der Entleiher und Verleiher im Vertrag über die Überlassung eines Arbeitnehmers schriftlich festzulegen haben, welche besonderen Merkmale die für den Leiharbeitnehmer vorgesehene Tätigkeit hat und welche beruflichen Qualifikationen dafür erforderlich sind.
Wenn das Kundenunternehmen einen Arbeitnehmer gewünscht hätte, der die Fähigkeit zur eigenverantwortlichen Durchführung von Arbeiten hatte, hätte es im Arbeitnehmerüberlassungsvertrag ausdrücklich einen Meister oder einen Altgesellen anfordern müssen; dies sei jedoch vertraglich so nicht niedergelegt worden.
Das OLG stellte darüber hinaus klar, dass der Arbeitnehmer ganz offensichtlich vom Kundenunternehmen weder ordnungsgemäß eingewiesen noch in kurzen Abständen kontrolliert worden sei.
Schließlich sei nach den Allgemeinen Geschäftsbedingungen des Personaldienstleisters geregelt gewesen, dass bei umgehender Beanstandung am ersten Arbeitstag (binnen vier Stunden) die ers-

ten vier Stunden der Arbeitnehmerüberlassung nicht berechnet würden und ein anderer Arbeitnehmer gestellt würde. Bei einer zeitnahen Rüge der Minderbefähigung des Arbeitnehmers hätten sich also die handwerklichen Fehler nicht bei allen Installationsarbeiten wiederholt und der wirtschaftliche Schaden in Höhe von 8.110,15 DM wäre damit nicht entstanden.

Charakterliche Eignung

Neben der fachlichen Eignung hat das Zeitarbeitsunternehmen auch die charakterliche Eignung des Arbeitnehmers zu prüfen.

Hier ein Beispiel anhand eines fiktiven Sachverhalts:

Ein als Bilanzbuchhalter eingesetzter Zeitarbeitnehmer hat es mit seinen überragenden fachlichen Fähigkeiten geschafft, binnen weniger Wochen einen sechsstelligen Euro-Betrag auf ein Konto ins Ausland zu transferieren, von dem das Geld dann per Barauszahlung abgehoben wird.

Das Finanz-Controlling der Kundenfirma stuft den Geldtransfer kurze Zeit später als nicht plausibel ein und forscht hinsichtlich Plausibilität und Autorisierung nach. Schnell ist der Zeitarbeitnehmer als Verursacher entlarvt, der ohne Arbeitsanweisung und Vorgaben diesen Geldtransfer eigeninitiativ realisiert hat. Der Zeitarbeitnehmer hatte sich zwischenzeitlich sowohl beim Kunden als auch beim Zeitarbeitsunternehmen als krank abgemeldet.

Die Kundenfirma erstattet Anzeige bei der Polizei. Der im Zusammenhang mit den Ermittlungen zuständige Staatsanwalt äußert sich dahingehend, dass der betreffende Zeitarbeitnehmer einschlägig bekannt sei und wegen vergleichbarer Delikte schon eine Freiheitsstrafe verbüßt habe.

Der Personaldisponent hat es versäumt, von dem Arbeitnehmer ein aktuelles polizeiliches Führungszeugnisses zu verlangen. Die Frage im Personalfragebogen nach einschlägigen Vorstrafen hat der Zeitarbeitnehmer wahrheitswidrig beantwortet.

Für derartige sensible Tätigkeitsbereiche genügt eine entsprechende Frage im Personalfragebogen nicht. Auch ohne zielgerichtete Aufforderung des Kunden hätte der Personaldisponent die Einreichung eines polizeilichen Führungszeugnisses sicherstellen müssen.
Den entstandenen Vermögensschaden hat das Zeitarbeitsunternehmen dem Kunden daher zu erstatten.

Schlechtleistungen des Arbeitnehmers

> Für Schlechtleistungen eines fachlich und persönlich geeigneten Arbeitnehmers am zugewiesenen Arbeitsplatz haftet das Zeitarbeitsunternehmen hingegen nicht.

Hat der Arbeitnehmer eine schlechte Tagesform und unterlaufen ihm handwerkstechnische Fehler, erheben viele Kunden Regressforderungen gegenüber den Zeitarbeitsunternehmen. Juristisch betrachtet geht diese Reklamtion an den falschen Adressaten.
Der Verleiher schuldet nur die zur Verfügungsstellung einer Arbeitskraft und nicht die Erbringung einer Arbeitsleistung an und für sich, da die Leiharbeitnehmer – anders als bei Werkverträgen – nicht den Status von Erfüllungsgehilfen haben (siehe hierzu auch Kap. 1.6).
Der Kunde hat seine Ansprüche daher unmittelbar und direkt mit dem Arbeitnehmer zu klären bzw. diesem gegenüber durchzusetzen. Es gelten hierbei die von der Rechtsprechung entwickelten Grundsätze über die Haftungsbeschränkung. Der Leiharbeitnehmer haftet nach diesen Grundsätzen überhaupt nur, wenn er einen Schaden mit zumindest mittlerer Fahrlässigkeit herbeigeführt hat.
Diese von vielen Kundenunternehmen als misslich empfundene Konstellation ist zwingend folgerichtig und konsequent, da der Leiharbeitnehmer in die betrieblichen Arbeitsabläufe des Kundenbetriebes integriert und von dessen personalverantwortlichen Entscheidungsträgern in die Tätigkeiten eingewiesen und beaufsichtigt wird.

Ein Beispiel aus der Praxis:

Ein fachlich und persönlich geeigneter Leiharbeitnehmer wird von einem Zeitarbeitsunternehmen an ein Transportunternehmen überlassen.
Bei der Erledigung eines Transportauftrages verursacht er einen Motorschaden, weil er aus Unachtsamkeit etwa 40 Liter Dieselkraftstoff über den Öleinfüllstutzen in den LKW-Motor einfüllt.

Das Landesarbeitsgericht (LAG) Hamm stellte zu diesem Sachverhalt in seinem Beschluss vom 04.08.2003 (Aktenzeichen 2 Ta 739/02) klar:

„Für Streitigkeiten zwischen Entleiher (= Kläger) und Leiharbeitnehmer (= Beklagter) sind die Arbeitsgerichte zuständig, wenn der Entleiher den ihm überlassenen Leiharbeitnehmer auf Schadensersatzansprüche wegen arbeitsvertraglicher Pflichtverletzung in Anspruch nimmt."

Nichtleistung und Beschaffungsrisiko

Der Verleiher hat dafür zu sorgen, dass dem Entleiher für die Überlassungszeit ein leistungsbereiter und leistungsfähiger Arbeitnehmer zur Verfügung steht.

Soweit nicht die Bereitstellung eines ganz bestimmten Leiharbeitnehmers vereinbart ist, muss der Verleiher bei Ausfall des entsandten Arbeitnehmers Ersatz disponieren.
Das wirtschaftliche Risiko der Personalbeschaffung trägt also der Personaldienstleister. Bei Verzug, wenn der zugesagte Leiharbeitnehmer also nicht entsandt wird und bei Unmöglichkeit, wenn der entsandte Leiharbeitnehmer erkrankt, haftet verschuldensunabhängig das Zeitarbeitsunternehmen (Beschaffungsrisiko nach § 276 Abs. 1 Satz 1 BGB).

Reduzierung des Haftungsrisikos durch Allgemeine Geschäftsbedingungen

Viele Geschäftspartner streben an, auf der Grundlage kreativ gestalteter Allgemeiner Geschäftsbedingungen das Korsett der Pflichten- und Risikoszenarien zu entschärfen.
Das Äquivalent zwischen Dienstleistungsversprechen (Überlassung von Arbeitskräften – Verleiher) und Honorarzahlung (Stundenverrechnungssätze – Entleiher) kann hierbei allerdings nicht einseitig verschoben werden.

> Es ist daher nicht zulässig, bei Ausfällen der zugesagten bzw. von sich bereits im Einsatz befindlichen Leasingkräften das geschäftliche Risiko voll und ganz auf das Kundenunternehmen überzuwälzen.

Sollten die Leasingkräfte beispielsweise arbeitsunfähig erkranken, hat das Zeitarbeitsunternehmen für Ersatz zu sorgen. Das Krankheitsrisiko kann nicht auf den Entleiher verlagert werden.
Allerdings wird es allgemein als zulässig erachtet, wenn das Zeitarbeitsunternehmen seine Haftung für Verzug und Unmöglichkeit bei der Bereitstellung eines Zeitarbeitnehmers einschließlich Ersatzkraft auf schuldhaftes Verhalten beschränkt.

3.6 Rechte und Pflichten des Kunden (Entleihers)

Zahlungsverpflichtung

Die vertragliche Hauptleistungspflicht des Kunden (Entleihers) besteht in der termingerechten Zahlung des im Überlassungsvertrag vereinbarten Stundenverrechungssatzes multipliziert mit der Anzahl der abgesprochenen Arbeitsstunden.
In der geschäftlichen Praxis werden in der Regel nur die tatsächlich geleisteten Arbeitsstunden in Rechnung gestellt. Für einen eventuellen Zahlungsverzug haftet der Kunde auch ohne Verschulden.

Abnahmeverpflichtung und gelebte Praxis

Prinzipiell gilt:

> Die Zahlungsverpflichtung entsteht unabhängig davon, ob der Kunde die disponierten, zur Arbeit angetretenen Zeitarbeitnehmer aktiv beschäftigt oder nicht.

Hat also beispielsweise ein Kunde in der Industrieproduktion einen Produktionsausfall durch einen Maschinenschaden und kann die georderten Leasingkräfte folglich nicht beschäftigen, gehört dies aufgrund der Abnahmeverpflichtung streng rechtlich ausschließlich in die Risikosphäre des Kunden.

> Dass dies in der Praxis oft anders gehandhabt wird, zeigt folgendes Beispiel:
> *Für die überlassenen Zeitarbeitnehmer gilt das betriebliche Arbeitszeitregime des Kunden. In der relevanten Arbeitswoche, in der der technische Störfall eintrat, waren gemäß verbindlichem Schichtplan in der Frühschicht 5 Arbeitstage zu jeweils 7,5 Stunden (ohne Pausen) vorgegeben. Tatsächlich arbeiteten die Zeitarbeitnehmer jedoch nur an 3 Arbeitstagen. An den übrigen 2 Arbeitstagen bestand im Kundenbetrieb objektiv keine Beschäftigungsmöglichkeit.*
> *Je Zeitarbeitnehmer hat der Kunde nach juristischen Maßstäben den vereinbartem Stundenverrechnungssatz für 5x7,5 Std. – also 37,5 Std. zu zahlen. In der gelebten Praxis werden allerdings nur 22,5 Std. – also nur 3 Tage zu 3 x 7,5 Std. fakturiert. Diese Großzügigkeit haben die Kunden dem harten Wettbewerb in der Zeitarbeitsbranche zu verdanken. Im Rahmen ihrer Akquisition argumentieren viele Vertriebsdisponenten die Vorzüge der externen Personalkräfte nämlich folgendermaßen: „Nur für die tatsächlich geleisteten Stunden unserer Leasingkräfte haben Sie, lieber Kunde, den individuell vereinbarten Stundenverrechungssatz zu zahlen.“*

In diesem Beispiel hat das Zeitarbeitsunternehmen „lediglich“ 15 Zeitstunden zu schultern. Tatsächlich haben viele Personal-

dienstleister je nach Dienstleistungsportfolio eine immense betriebswirtschaftliche Herausforderung zu meistern.
Es besteht vielfach die Tendenz, sämtliche betrieblichen Risiken auf die Personaldienstleister abzuwälzen. Das kann in Szenarien gipfeln, dass Kunden den Personaldisponenten freitagvormittags telefonisch davon unterrichten, dass heute der letzte Einsatztag für die überlassenen Leasingkräfte ist.

Eingeschränktes Direktionsrecht

Im Rahmen der Dreiecksbeziehung zwischen Zeitarbeitnehmer, Verleiher und Entleiher (siehe Kapitel 1.1) ist der Verleiher gegenüber dem Leiharbeitnehmer berechtigt, ihn für einen sich aus der konkreten Überlassung ergebenden Zeitraum an einen bestimmten Entleiher zu überlassen.

> Durch die Überlassung des Leiharbeitnehmers geht das arbeitgeberseitige Direktionsrecht auf den Entleiher über.

Im Einsatzbetrieb hat der Entleiher das Weisungsrecht gegenüber dem Leiharbeitnehmer, d.h. der Leiharbeitnehmer hat seine Arbeitsleistung nach dessen Weisung zu erbringen.
Wesentlich ist hier der Umstand, dass das Direktionsrecht nicht unbegrenzt transferiert wird. Die Grenzen werden im Überlassungsvertrag definiert.

> Beispiel:
> *Ein Leiharbeitnehmer, der als Maschinenbediener in einem Kundenbetrieb der Lebensmittelbranche (Herstellung von Speiseeis) arbeitet, kann nicht ohne vorherige Zustimmung des Zeitarbeitsunternehmens in die Betriebsabteilung der Auslieferungsfahrer „versetzt" werden. Letztlich würde diese personalpolitische Maßnahme die Verletzung des zugrunde liegenden Überlassungsvertrages bedeuten, da dieser Einsatzbereich vertraglich nicht festgelegt ist.*
> *Sollte der Leiharbeitnehmer gleichwohl diese neue Tätigkeit als Fahrer (Führerscheinklasse II) ausüben, ohne diesbezüg-*

lich mit dem Personaldisponenten des Zeitarbeitsunternehmens Rücksprache gehalten zu haben, trägt letztendlich der Entleiher die volle Verantwortung.

Fürsorgepflicht

Den Aspekt der Fürsorgepflicht erläutert die Fortführung des obigen Beispiels:

Die Frage des Weisungsberechtigten im Kundenbetrieb, ob er einen LKW-Führerschein besitze, bejaht der Arbeitnehmer und bestätigt auch hinreichende Fahrpraxis zu besitzen. Dass er zuletzt vor 5 Jahren im Rahmen des Wehrdienstes bei der Bundeswehr LKW gefahren war, verschweigt er geflissentlich. Schließlich ist die Aussicht, vom monotonen Job als Maschinenbediener wegzukommen sehr verlockend.

Gleich auf der ersten Tour ereignet sich aufgrund der fehlenden Fahrpraxis ein Verkehrsunfall. Unfallort: das Betriebsgelände eines großen Zentrallagers einer Lebensmittelkette. Beim Rangieren kollidiert der LKW mit der Laderampe. Es entsteht beträchtlicher Sachschaden. Zudem erleidet der Arbeitnehmer ein Halswirbelsyndrom und fällt eine Woche krankheitsbedingt aus.

Hier liegt kein Auswahlverschulden vor (siehe Seite 94), da der Kunde einseitig die personelle Entscheidung der Umbesetzung des Leiharbeitnehmers zu verantworten hat. Nach dem Überlassungsvertrag wurde der Arbeitnehmer für die Tätigkeit als Maschinenbediener und nicht als Auslieferungsfahrer geordert. Der Personaldienstleister muss also weder für den Sachschaden am LKW des Entleihers noch für den Sachschaden an der Rampe (des Zentrallagers) aufkommen.

Hinsichtlich des krankheitsbedingten Arbeitsausfalls des Leiharbeitnehmers könnte in diesem speziellen Fall der Kunde (Entleiher) die Entgeltfortzahlungskosten übernehmen bzw. diese dem Zeitarbeitsunternehmen als Vertragsarbeitgeber erstatten. Schließlich liegt die Verantwortlichkeit für den Unfall

des Leiharbeitnehmers beim Einsatzunternehmen, das mit der gravierenden Verletzung des Überlassungsvertrages auch seine Fürsorgepflicht gegenüber dem Leiharbeitnehmer verletzt hat.
Besonders bei gefahrbelasteten Einsätzen sollte im Überlassungsvertrag genauestens geregelt werden, welche Tätigkeiten der Leiharbeitnehmer wahrnehmen darf und welche nicht.

Die Arbeitszeiten

Zeitarbeitnehmer werden insbesondere dann eingesetzt, wenn in den Einsatzbetrieben bzw. auf den handwerklichen Baustellen viel Arbeit anliegt. Die Arbeitnehmer werden in der Praxis nicht selten über die zulässigen Höchstgrenzen des Arbeitszeitgesetzes (ArbZG) von 10 Stunden pro Arbeitstag hinaus zur Arbeit animiert.
Sofern hier weder eine entsprechende Genehmigung der zuständigen Behörde vorliegt, noch eine unvorhergesehene außerplanmäßige Situation (Notfall bzw. außergewöhnlicher Fall nach § 14 ArbZG) gegeben ist, liegt ein gesetzestechnischer Konflikt vor.
Die Zeitarbeitsunternehmen weisen in ihren AGB`s ausdrücklich darauf hin, dass die Zeitarbeitnehmer nur innerhalb der zulässigen Höchstgrenzen des Arbeitszeitgesetzes eingesetzt werden dürfen.

Antidiskriminierungsgesetz (ADG)

Die Bundestagsfraktionen von SPD und Bündnis 90/Die Grünen haben am 15.12.2004 (BT-Dr. 15/4538) den Entwurf eines Gesetzes zur Umsetzung europäischer Antidiskriminierungsrichtlinien vorgelegt. Das anvisierte Gesetz enthält insbesondere für das Arbeitsrecht „explosiven Sprengstoff“ und wirft für die Arbeitsrechtsexperten eine Vielzahl von praktischen und gesetzessystematischen Fragen auf.
Paragraph 6 Abs. 2 des ADG stellt unmissverständlich klar, dass im Sinne des ADG neben den Zeitarbeitsfirmen (Verleiher) auch die Kundenfirmen (Entleiher) als Arbeitgeber gelten.

Kunden und Personaldienstleister werden hier gleichermaßen in die Pflicht genommen, im Rahmen ihrer Fürsorgepflicht Benachteiligungen der Zeitarbeitnehmer aus Gründen der Rasse oder wegen ihrer ethnischen Herkunft, des Geschlechts, der Religion oder Weltanschauung, einer Behinderung, des Alters oder der sexuellen Identität zu verhindern oder zu beseitigen.
Das Benachteiligungsverbot richtet sich darüber hinaus auch gegen Arbeitskollegen. Der Zeitarbeitnehmer kann sich, wenn er sich benachteiligt fühlt, bei der im Kundenbetrieb oder im Zeitarbeitsunternehmen zuständigen Stelle beschweren.

Identische Arbeitsbedingungen nach dem Maßstab vergleichbarer Arbeitnehmer (Stammbeschäftigter)

Sofern der Personaldienstleister seine Leasingkräfte nicht nach einem Zeitarbeitstarifvertrag beschäftigt und abrechnet, kommt der Gleichbehandlungsgrundsatz (Equal Treatment; siehe auch Seite 9 f.) zum Tragen.
Hier müssen sich Kunde und Zeitarbeitsunternehmen vor dem Einsatzbeginn über alle wesentlichen Arbeitsbedingungen, die für die Stammbeschäftigten aufseiten des Entleihers relevant sind, austauschen. Nach der intensiven Kommunikation werden die relevanten Kriterien im Überlassungsvertrag fixiert. Diese Dokumentation ist gesetzlich zwingend vorgeschrieben (§ 12 Abs. 1 Satz 3 erster Halbsatz AÜG):

> *„Der Entleiher hat in der Urkunde anzugeben, welche besonderen Merkmale die für den Leiharbeitnehmer vorgesehene Tätigkeit hat und welche berufliche Qualifikation dafür erforderlich ist sowie welche im Betrieb des Entleihers für einen vergleichbaren Arbeitnehmer des Entleihers wesentlichen Arbeitsbedingungen einschließlich des Arbeitsentgelts gelten; ...“*

Die Probleme, die diese gesetzestechnische Vorgabe für die geschäftliche Praxis mit sich bringt, liegen auf der Hand.Gegebenenfalls ist ein erheblicher kommunikations- und adminis-

trativer Aufwand zu betreiben. In letzter Konsequenz kann es sogar dazu kommen, dass ein in Bezug auf seine Gleichbehandlung irritierter Leiharbeitnehmer nicht im Zeitarbeitsbüro, wo es letztlich angebracht wäre, sondern im Personalbüro des Kundenunternehmens vorstellig wird.
Paragraph 13 AÜG regelt den Auskunftsanspruch des Leiharbeitnehmers:

> *„Der Leiharbeitnehmer kann im Falle der Überlassung von seinem Entleiher Auskunft über die im Betrieb des Entleihers für einen vergleichbaren Arbeitnehmer des Entleihers geltenden wesentlichen Arbeitsbedingungen einschließlich des Arbeitsentgelts verlangen; dies gilt nicht, soweit die Voraussetzungen einer der beiden in § 3 Abs. 1 Nr. 3 und § 9 Nr. 2 genannten Ausnahmen vorliegen."*

Die Praxis zeigt allerdings, dass das Leitmotiv „gleicher Lohn für gleiche Arbeit" nicht durch gesetzliche Regelungen erzwungen werden kann. Die Marktgegebenheiten hatten bereits in der Vergangenheit vor Inkrafttreten des neuen AÜG bewiesen, dass die Gleichstellung nur in Ausnahmefällen realisiert werden kann.
Im Zuge des Job-Aqtiv-Gesetzes vom 1.1.2002 (Aqtiv steht für **A**ktivieren, **Q**ualifizieren, **T**rainieren, **I**nvestieren und **V**ermitteln) wurde die maximale Überlassungsdauer von 12 auf 24 Monate hochgeschraubt, allerdings mit der Maßgabe, dass ab dem dreizehnten Überlassungsmonat der Leiharbeitnehmer in allen wesentlichen Arbeitsbedingungen mit den vergleichbaren Stammbeschäftigten gleichgestellt werden müsse.
In der geschäftlichen Praxis hat dieser Ansatz kaum funktioniert. In der Regel wurden die Zeitarbeitnehmer nach 12 ununterbrochenen Einsatzmonaten von den Kundenfirmen abgemeldet. Die Kundenfirmen scheinen nicht bereit, die mit ihren stammbeschäftigten Arbeitnehmern vereinbarten Arbeitsbedingungen, insbesondere die Arbeitsentgelte, ihren Lieferanten gegenüber transparent zu machen und entsprechend zu dokumentieren.

Im Frühjahr 2003 führte der Deutsche Industrie und Handelstag (DIHK) bei potenziellen Kundenfirmen eine Umfrage hinsichtlich der Akzeptanz des Equal Treatment als wesentlichem Kernelement des neuen AÜG durch. Die überwiegende Mehrzahl der befragten Unternehmen gab an, unter den neuen rechtlichen Voraussetzungen kein Zeitarbeitspersonal mehr beschäftigen zu wollen.
Umso wichtiger ist für alle Entscheidungsträger die Erkenntnis, dass Zeitarbeit als eigenständiger Dienstleistungssektor mit Milliardenumsätzen nur unter Aufrechterhaltung der Tarifpartnerschaften mit den Gewerkschaften fortbestehen kann. Denn sollten die Tarifverträge gekündigt werden und nicht durch neue Tarifabschlüsse fortgesetzt werden, gelten unweigerlich die zwingenden gesetzlichen AÜG-Bestimmungen.

Equal-Pay-Komponenten in den Zeitarbeitstarifverträgen

In den Zeitarbeitstarifverträgen finden sich einzelne funktionale Equal-Pay-Komponenten.

Interessenverband Deutscher Zeitarbeitsunternehmen e.V.-Manteltarifvertrag (IGZ)

- Paragraph 3.1.4
  „Bei Einsatz in vollkontinuierlicher Schichtarbeit (Contischicht) oder einem vergleichbaren anderen Schichtmodell des Entleihers gilt für den Arbeitnehmer das Arbeitszeit-/Zuschlagsmodell des Entleihers nur, wenn ein voller Zyklus durchlaufen wird. Wird kein voller Zyklus durchlaufen, gilt für diesen Zeitraum der Durchschnitt der monatlichen Arbeitszeit zur Berechnung der geleisteten Stunden.“

Eine vergleichbare Regelung findet sich auch im AMP-Manteltarifvertrag (§ 5.7 Sätze 4 bis 6).
Was bedeutet das für die geschäftliche Praxis? Der Kunde hat in den Überlassungsvertrag das Vergütungssystem seiner stammbeschäftigten Mitarbeiter in Bezug auf sämtliche Schichtzulagen einzustellen.

Sollte der Kunde seinen Stammmitarbeitern beispielsweise ab 14.00 Uhr eine Spätschichtzulage in Höhe von 10 Prozent gewähren, haben die Zeitarbeitnehmer hierauf gegenüber der Zeitarbeitsfirma als ihrem Vertragsarbeitgeber einen Rechtsanspruch.

In Bezug auf Sonn- und Feiertagszuschläge ist Folgendes festgelegt:

- Paragraph 4.3
  „Der Zuschlag für Sonntagsarbeit beträgt 50 Prozent, sofern die Arbeit an Sonntagen nicht zur Regelarbeitszeit zählt."
- Paragraph 4.4
  „Der Zuschlag für Feiertagsarbeit beträgt 100 Prozent, sofern die Arbeit an Feiertagen nicht zur Regelarbeitszeit zählt."
- Protokollnotiz Nr. 7 zum Manteltarifvertrag
  „Die Zuschläge für Arbeit an Sonn- und Feiertagen, soweit diese zur Regelarbeitszeit zählen, richten sich nach der Zuschlagsregelung im Entleihbetrieb, siehe auch § 3.1.4."

Praxisbeispiel:

Ein Kunde aus dem Presseverlagswesen beschäftigt in seiner Druckerei Zeitarbeitskräfte.
Die gemäß Dienstplan für das ganze Kalenderjahr vorgegebenen Arbeitszeiten enthalten unter anderem Feiertags- und Sonntagsarbeiten.
Die Stammbeschäftigten in der Druckerei bekommen für die dienstplanmäßig festgelegten Sonntagsarbeiten 100 Prozent sowie für die Feiertagsarbeiten 150 Prozent Zuschläge, die im Haustarifvertrag des Kunden (Entleihers) geregelt sind.
Folglich hat die Zeitarbeitsfirma diese kundenspezifischen Zuschlagsregelungen für ihre in der Druckerei beschäftigten Zeitarbeitnehmer zu übernehmen und die höheren Zuschläge abzurechnen und auszuzahlen.

Die Zeitarbeitnehmer, die bei Zeitarbeitsfirmen zu iGZ-Tarifvertrags-Konditionen beschäftigt werden, können den unter § 13 AÜG verankerten Auskunftsanspruch im Kundenbetrieb geltend machen. Sie würden sich also im Personalbüro des Presseverlages nach den Zuschlagskonditionen der vergleichbaren Stammbeschäftigten erkundigen.

Equal Pay bei Zuschlägen für Nacht-, Sonntags- und Feiertage nach BZA-Manteltarifvertrag (Bundesverband Zeitarbeit Personaldienstleistungen e.V.)

- Paragraph 7.2
  „Die Höhe des Zuschlags für Nachtarbeit richtet sich nach der Zuschlagsregelung des Kundenbetriebes. Sie beträgt höchstens 25 Prozent des jeweiligen tariflichen Stundenentgeltes nach § 2 bis 4 des Entgelttarifvertrages."
- Paragraph 7. 3
  „Die Höhe des Zuschlags für Sonn- und Feiertagsarbeit richtet sich nach den Zuschlagsregelungen des Kundenbetriebes. Sie beträgt höchstens 50 Prozent des jeweiligen tariflichen Stundenentgelts nach § 2 bis 4 des Entgelttarifvertrages für Sonntagsarbeit und höchstens 100 Prozent für Feiertagsarbeit sowie für Arbeit an Heiligabend und Silvester nach 14.00 Uhr."

Die Kunden von Zeitarbeitsfirmen, die nach BZA-Tarifkonditionen arbeiten, haben generell ihre Nacht-, Feiertags- und Sonntagszuschläge in den Überlassungsverträgen zu verankern.

Subsidiärhaftung des Kunden für Sozialversicherungsbeiträge

Als Arbeitgeber führt das Zeitarbeitsunternehmen in der Regel die gesamten Sozialversicherungsbeiträge für die Beschäftigungsverhältnisse der bei ihm angestellten externen Mitarbeiter ab.

Zum Schutz der Arbeitnehmer hat der Sozialgesetzgeber für den Fall der Zahlungsunfähigkeit des Zeitarbeitsunternehmens Folgendes geregelt: Gemäß § 28 e Abs. 2 Satz 1 Sozialgesetzbuch (SGB) IV haftet der Kunde (Entleiher) „wie ein selbstschuldnerischer Bürge" für diejenigen Beiträge zur Kranken-, Pflege-, Renten- und Arbeitslosenversicherung, die auf die Zeiträume der Überlassungen an den Kunden (Einsatzzeiträume) entfallen und vom Zeitarbeitsunternehmen nicht oder nicht vollständig abgeführt werden (können). Für die Beiträge zur Unfallversicherung haftet der Kunde in gleicher Weise (§ 150 Abs. 3 SGB VII i.V.m. § 28e Abs. 2 SGB IV).
In der geschäftlichen Praxis kommt es in Einzelfällen durchaus vor, dass Kundenunternehmen von den Einzugsstellen der Sozialversicherungsträger als Bürgen in Anspruch genommen werden. In den zurückliegenden Jahren gab es doch eine erhebliche Anzahl von Insolvenzen.

> Die Unbedenklichkeitsbescheinigungen der Krankenkassen und der Berufsgenossenschaft sind kein wirksamer Schutz für Kundenunternehmen gegen die Subsidiärhaftung.

Insofern ist die Auswahl eines zuverlässigen, seriösen und leistungsfähigen Zeitarbeitsunternehmens von besonderer Wichtigkeit.

Empfehlung:

Das Kundenunternehmen lässt sich Bescheinigungen der Krankenkassen vorlegen, die die eingesetzten Zeitarbeitnehmer namentlich unter der Angabe der Sozialversicherungsnummern auflisten und lässt die zuständigen Krankenkassen per Stempel und Unterschrift attestieren, dass bis zum Fälligkeitstermin (konkrete Datumsangabe) die Sozialversicherungsbeiträge in voller Höhe gezahlt und vereinnahmt wurden. Diese zugegebenermaßen sehr administrative Vorgehensweise sichert aber die Kundenunternehmen gut ab und verringert das Risiko der nachrangigen Haftung auf ein überschaubares Zeitfenster.

Nach der Insolvenz der Firma Maatwerk im Februar 2004 sind die Entscheidungsträger bei den zuständigen Stellen hier hinreichend sensibilisiert.

Etliche Kundenunternehmen gehen auch dazu über, für das Risiko der Subsidiärhaftung von den Zeitarbeitsunternehmen Bankbürgschaften zu verlangen. Dieser besondere „Service“ führt dann in der Regel zu einem höheren Stundenverrechnungssatz.

> Je günstiger der Stundenverrechnungssaatz, umso größer ist die Gefahr, dass die Zeitarbeitsfirma in eine finanzielle Schieflage gerät.

Das Insolvenzrisiko hat nicht unbedingt etwas mit der Größe des Zeitarbeitsunternehmens zu tun. Die These, wonach die „kleinen“ Personaldienstleister besonderes Gefahrpotenzial in sich bergen, ist nicht haltbar.

Auf den Punkt gebracht

Zeitarbeit trägt dazu bei, den Personalstandort Deutschland zu sichern

- Zeitarbeit bedeutet weitaus mehr als die vorübergehende Platzierung externer Mitarbeiter zu Vertretungszwecken oder als operative Eingreifreserve für Notfälle.
- Zeitarbeit ist das strategische Instrument zur Steuerung ständig variierender betrieblicher Arbeits- bzw. Personalvolumina.
- Der Auftraggeber kauft mit der Personaldienstleistung Flexibilität und Handlungsspielräume ein.
- Produktionsbetriebe, die permanent Nachfrageschwankungen unterworfen sind, können erforderliche Kapazitätsveränderungen „just in time“ durch das operative Zusammenspiel mit den Personaldienstleistern ausgleichen.
- Die Stammbelegschaft kann vom Kern her unverändert bleiben und im Bedarfsfall über Arbeitszeitkorridore mit Arbeitszeitkonten intern ebenfalls flexibel reagieren.
- Nach erfolgreicher Einarbeitung und guten Arbeitsresultaten können Zeitarbeitnehmer punktgenau übernommen werden. Das spart die Zahlungen pauschaler Honorare an Personalberater. Das Vermittlungshonorar für die Zeitarbeitsfirma ist konsequent erfolgsorientiert.
- Im Vertragsmanagement sind die Regelungen der Überlassungsverträge eingehend zu prüfen. Ein Hauptaugenmerk gilt der exakten Tätigkeits- bzw. Stellenbeschreibung. Das Anforderungsprofil ist nicht nur eindeutig zu kommunizieren sondern auch punktgenau zu dokumentieren.
- Seriöse Zeitarbeitsunternehmen garantieren passgenaue Arbeitnehmerprofile.

- Je günstiger Zeitarbeitsfirmen ihre umfänglichen Dienstleistungen offerieren, umso wahrscheinlicher sind Störungen aufgrund von Defiziten der Arbeitnehmer oder Jobrotation durch vom Personaldisponenten angeordneten Wechsel der Arbeitnehmer.
- Das wirtschaftliche Risiko des Auftraggebers in der Zusammenarbeit mit Billigstpreis-Anbietern liegt in der Subsidiärhaftung für Sozialversicherungsbeiträge.
- Zeitarbeitsunternehmen haften nicht für die Schlechtleistungen der überlassenen Zeitarbeitnehmer.
- Auftraggeber haben Zeitarbeitnehmer aktiv zu betreuen und die Einhaltung aller arbeitsschutzrechtlichen Rahmenbedingungen während der Beschäftigungszeiträume sicherzustellen (Fürsorgepflicht).

4 Mitbestimmungs-rechte in der Zeitarbeit

Zeitarbeitnehmer gehören zwei Betrieben an

In der Zeitarbeitsbranche hat der Betriebsrat bislang Seltenheitswert. Der Grundsatz, *„Wo Tarifverträge sind, ist die Mitbestimmung nicht mehr weit“*, hat in den ersten anderthalb Jahren der tariflich geregelten Zeitarbeit (Sommer 2003 bis Dezember 2004) kaum gegriffen.

Das liegt zum einen an dem sehr schwachen Organisationsgrad der Zeitarbeitnehmer hinsichtlich ihrer Gewerkschaftszugehörigkeit. Zum anderen an der hohen Fluktuation und der geringen Identifizierung mit dem Zeitarbeitsunternehmen als Vertragsarbeitgeber.

Zudem dürfen die erwerbsbiographischen Erfahrungen der Leiharbeitnehmer nicht außer Acht gelassen werden. Sie bauen bei einer längeren Beschäftigungsdauer ihre sozialen Kontakte eher im Umfeld der zugewiesenen Arbeitsplätze in den Kundenbetrieben als in den Zeitarbeitsunternehmen auf.

Etablierte Zeitarbeitsunternehmen wie Randstad und Adecco können seit Jahren einen Betriebsrat vorweisen. Das Unternehmen Start Zeitarbeit NRW GmbH trägt die gelebte Mitbestimmung sichtbar nach außen.

In den konzerngebundenen Zeitarbeitsfirmen Autovision GmbH (Wolfsburg) und DB Zeitarbeit GmbH (Berlin) zählt der Umgang mit dem Betriebsrat zur Routinearbeit des Managements.

Christof Wachter vom DGB Bundesvorstand (Berlin) bestätigte anlässlich der Tagung an der Universität Oldenburg zu dem Thema „Leiharbeit von der Ausnahme zur regulären Beschäftigungsform“ im November 2004 das Bemühen der Gewerkschaften, Betriebsratsstrukturen in Zeitarbeitsunternehmen aufbauen zu wollen.

4.1 Zwei Betriebsräte aufgrund doppelter Betriebszugehörigkeit

Der Zeitarbeitnehmer hat faktisch eine doppelte Betriebszugehörigkeit. Er unterliegt sowohl den arbeitstechnischen Weisungen des Entscheidungsträgers im Einsatzbetrieb als auch dem Arbeitgeberdirektionsrecht des Zeitarbeitsunternehmens.

Beispiel: Lage der Arbeitszeit

Der Zeitarbeitnehmer erbringt seine Arbeitsleistungen im Kundenbetrieb. Lage und Verteilung der Arbeitszeit sowie das Arbeitszeitvolumen werden vom Kunden festgelegt.

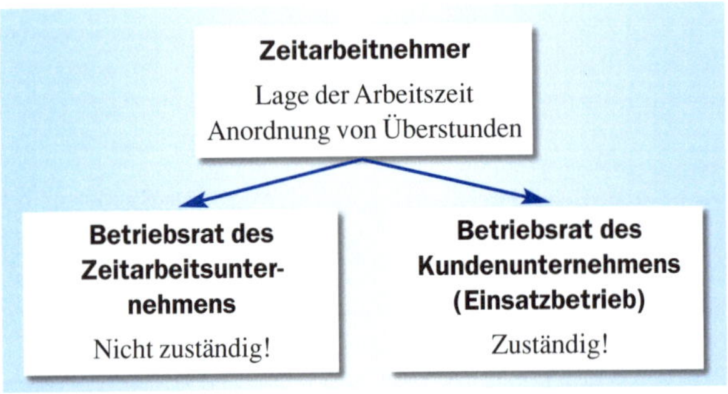

Arbeitsvolumen und -zeiten werden nicht vom Vertragsarbeitgeber festgelegt

Das Bundesarbeitsgericht entschied im Jahre 2001, dass die Belange der Leiharbeitnehmer bei der Festlegung der Arbeitszeit nicht durch den „Verleiherbetriebsrat“ wahrgenommen werden können, da dieser im Kundenbetrieb keine betriebsverfassungsrechtlichen Befugnisse hat (Bundesarbeitsgericht – BAG – vom 19.06.2001). Die Wahrnehmung des betriebsverfassungsrechtlichen Schutzes bei der Festlegung der Arbeitszeit fällt vielmehr dem „Entleiherbetriebsrat“ zu (BAG vom 28.07.2002).
Der Einsatzbetrieb kann nicht ohne Beteiligung seines Betriebsrats ausschließlich gegenüber den Leiharbeitnehmern Überstunden anordnen und die stammbeschäftigten Mitarbei-

ter gemäß den betriebsüblichen normalen Arbeitszeiten unverändert weiter arbeiten lassen.

Ein neuer Kundeneinsatz ist keine Versetzung

Die Zuweisung zu neuen Kundenbetrieben durch den Personaldisponenten der Zeitarbeitsfirma stellt grundsätzlich keine Versetzung dar, da Zeitarbeitnehmer aufgrund der Eigenart ihrer Tätigkeit üblicherweise ständig an wechselnden Arbeitsplätzen beschäftigt werden (siehe hierzu § 95 Abs. 3 Satz 2 BetrVG).

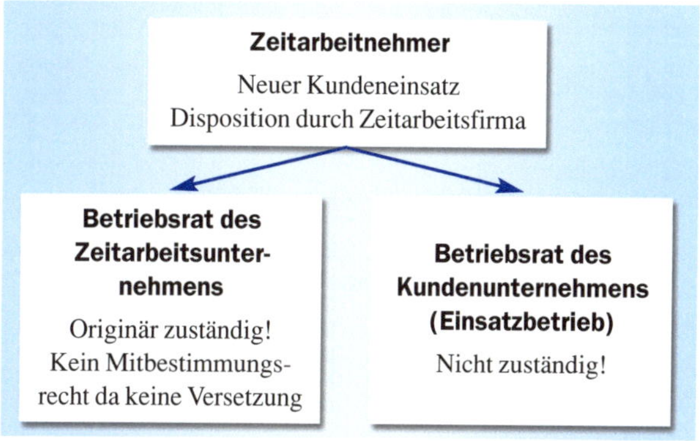

Zeitarbeitnehmer arbeiten prinzipiell an ständig wechselnden Arbeitsplätzen

4.2 Beteiligungsrechte des Kundenbetriebsrats beim Einsatz von Zeitarbeitnehmern

Im Gesetzestext des § 14 Abs. 3 AÜG wird im Zusammenhang mit dem Einsatz von Zeitarbeitnehmern in Kundenfirmen der Begriff „Übernahme" verwendet (so genannte Eingliederungstheorie). Gemeint ist in diesem Zusammenhang also nicht der „Klebeeffekt" nach Hartz.

Der Einsatzbetrieb muss seinen Betriebsrat umfassend über den geplanten Einsatz von Zeitarbeitnehmern unterrichten.

Abzustimmen sind

- Anzahl der Zeitarbeitnehmer und Einsatzdauer
- Vorgesehene Arbeitsplätze, Art der Tätigkeiten, Arbeitszeiten
- Qualifikationen der Zeitarbeitnehmer
- Überlassungsvertrag
- Auswirkungen der geplanten Übernahme

Nach dem Beschluss des BAG vom 06.06.1978 (Aktenzeichen 1 ABR 66/75) muss der Kunde seinem Betriebsrat die Einsichtnahme der Überlassungsverträge gewähren. Allerdings ist der Kunde nicht verpflichtet, seinem Betriebsrat Auskünfte über die Arbeitsverträge der Zeitarbeitnehmer mit der Zeitarbeitsfirma zu geben. Sollte der Kundenbetriebsrat pauschal gegen den Einsatz von Zeitarbeitskräften sein, berechtigt ihn das nicht, seine Zustimmung zu verweigern.

4.3 Leiharbeitnehmer „wählen ohne zu zählen"

Die nachfolgend wiedergegebene Gesetzesregelung aus dem Betriebsverfassungsgesetz (BetrVG) führte im Kalenderjahr 2002 bei den turnusmäßig durchgeführten Betriebsratswahlen zu einer großen Verunsicherung der Entscheidungsträger.
„Wahlberechtigt sind alle Arbeitnehmer des Betriebs, die das 18. Lebensjahr vollendet haben. Werden Arbeitnehmer eines anderen Arbeitgebers zur Arbeitsleistung überlassen, so sind diese wahlberechtigt, wenn sie länger als drei Monate im Betrieb eingesetzt werden." (§ 7 BetrVG – Wahlberechtigung)
Satz 2 der Gesetzesregelung wurde vom Gesetzgeber im Zuge der Reformierung des Betriebsverfassungsgesetzes völlig neu eingeführt.
Es wurde daraufhin lebhaft die Frage diskutiert, ob Leiharbeitnehmer nunmehr bei der Zahl der wahlberechtigten Arbeitnehmer, von der die Größe des Betriebsrats abhängt, mitzuzählen seien. Das Meinungsspektrum reichte von völliger Ablehnung bis zur vollständigen Einbeziehung der Zeitarbeitnehmer.

Leiharbeitnehmer im Einsatzbetrieb

Wahlberechtigter Arbeitnehmer

hat „aktives Wahlrecht“, wenn länger als 3 Monate im Einsatzbetrieb (§ 7 Satz 2 BetrVG)

Kein wahlberechtigter Arbeitnehmer

zählt als Angehöriger des entsendenden Betriebs des Verleihers und nicht in den Betriebsrat des Einsatzunternehmens wählbarer externer Mitarbeiter (§ 14 Abs. 1 u. 2 BetrVG) nicht bei der Ermittlung der Schwellenwerte mit, nach denen

- die Anzahl der Betriebsratsmitglieder (§ 9 BetrVG),
- die Anzahl der freizustellenden BR-Mitglieder (§ 48 Abs. 1 BetrVG),
- die Mitsprache bei Betriebsänderungen (§ 111 Satz 1 BetrVG)

geregelt wird.

Grundsatz: „Leiharbeitnehmer wählen, zählen aber nicht.“

Das Bundesarbeitsgericht (BAG) sorgte im Frühjahr 2003 für klare Verhältnisse (Beschluss vom 16.04.2003, Aktenzeichen 7 ABR 53/02). Nach Ansicht des BAG werden Leiharbeitnehmer bei der Bestimmung der Zahl der wahlberechtigten Arbeitnehmer (maßgebliche Belegschaftsstärke) gemäß § 9 BetrVG nicht mitgezählt: *„Leiharbeitnehmer sind keine Arbeitnehmer des Entleiherbetriebs im Sinne von 9 BetrVG.“* (Zitat aus den Leitsätzen des BAG-Beschlusses).
Ein halbes Jahr später stellte der siebte Senat des BAG darüber hinaus fest, dass Leiharbeitnehmer bei der für die Anzahl der nach § 38 Abs. 1 BetrVG freizustellenden Betriebsratsmitglieder maßgeblichen Belegschaftsstärke ebenso wenig berücksichtigt werden (BAG-Beschluss vom 22.10.2003 – 7 ABR 3/03).

4.4 Gewerkschaftspositionen

Die DGB-Gewerkschaften (unter anderem *IG Metall* und *ver.di*) haben ab Mitte der 90iger-Jahre einen historischen Kurswechsel vollzogen. Sie forderten vormals auf politischer Ebene, das AÜG abzuschaffen und die gewerbsmäßige Arbeitnehmerüberlassung gewerberechtlich gänzlich zu unterbinden.
Durch pragmatisches Handeln einzelner Gewerkschaftsfunktionäre kam es in Gestalt der ersten so genannten Haustarifverträge, *Start Zeitarbeit NRW* mit *ver.di* sowie *Flexarbeit* mit *IG Metall*, zu einer vorsichtigen Annäherung.
Bundesweite Aufmerksamkeit wurde dem besonderen Tarifvertrag des Personaldienstleisters *Adecco* für das Großprojekt „Expo 2000“ zuteil. Kurze Zeit später hatte auch der Branchenprimus *randstad* einen generellen bundesweit gültigen Firmentarifvertrag mit *ver.di* vereinbart.
Diese Umstände, sowie die zunehmende Kommunikationsbereitschaft der DGB-Gewerkschaften, sich mit der Zeitarbeitsbranche vorsichtig zu arrangieren, waren den Reformvorschlägen der Hartz-Kommission, die im August 2002 ihr Modell der tarifierten (tariflich geregelten) Zeitarbeit präsentierte, vorausgegangen.
Ungeachtet der bestehenden Flächentarifverträge mit BZA (Bundesverband Zeitarbeit Personaldienstleistungen e.V.) bzw. iGZ (Interessenverband Deutscher Zeitarbeitsunternehmen e.V.) können einzelne Mandatsträger die historisch bedingten tiefen Gräben (Stichworte *„Schmuddelecke“; „Sklavenhändler“)* nicht vollständig überwinden.
Die Meinungen der unterschiedlichen Gewerkschaftsfraktionen reichen von strikter Ablehnung bis hin zu vorsichtiger Akzeptanz.
Ob und inwieweit Zeitarbeit zur Schaffung von Arbeitsplätzen beitragen kann, ist umstritten. Vielfach wird die Gefahr des Abbaus von Stammarbeitsplätzen gesehen, da Unternehmen zunehmend die teuren Stammbeschäftigten durch billigere Leiharbeitnehmer ersetzen könnten. Weiterhin befürchtet man im Zuge einer Ausweitung der Zeitarbeit allgemeine Lohnkosten-

senkungen, die Umgehung von Kündigungsschutzbestimmungen und eine Verschlechterung der Mitbestimmungsrechte.
Dient Zeitarbeit der Abfederung von kurzfristigen Auftrags- oder Belastungsspitzen und verhindert so Mehrarbeit bzw. Personalüberbelastung – wird also nicht als dauerhaftes Element einer flexiblen Personalpolitik eingesetzt – gilt sie bei vielen Gewerkschaftlern inzwischen als gerechtfertigt.
Die Christlichen Gewerkschaften haben im Rahmen der Tarifgewerkschaft (unter der Abkürzung CGZP) im Februar 2003 den ersten Flächentarifvertrag auf Grundlage des neuen AÜG in der Zeitarbeitsbranche abgeschlossen (mit der iNZ auf Arbeitgeberseite).
Die DGB-Gewerkschaft stuft die Tarifverträge der CGZP als rechtswidrig ein. Sie begründet diesen schwerwiegenden Vorwurf mit dem Argument, dass deren Einzelgewerkschaften, allen voran die CGM (Christliche Gewerkschaft Metall) nicht tariffähig seien. Es handele sich bei den Tarifabschlüssen um Dumping-Tarife.
Fakt ist: Die CGZP sieht die Zeitarbeit weniger ideologisch und hat den Verleiher als solchen nicht als „klassisches Feindbild" im Visier, der zum Abbau von Stammarbeitsplätzen beiträgt.
Vielmehr hat der Tarifabschluss der CGZP mit dem iNZ deutsche Tarifgeschichte geschrieben, weitere Flächen- und Haustarife seitens der CGZP sorgen derzeit für einen in Deutschland bis daher nicht gekannten Wettbewerb von tarifpolitisch unterschiedlichen Modellen.
Im Übrigen entschied das LAG Baden-Württemberg im Oktober 2004, dass die größte Einzelgewerkschaft der Christlichen Gewerkschaften, die CGM, sehr wohl tariffähig sei (die Entscheidung ist nicht rechtskräftig; das Verfahren liegt dem BAG zur Entscheidung vor).

Auf den Punkt gebracht

Die Mitbestimmung ist vielfach noch problematisch

- Gesetzestechnisch greifen die Mechanismen der Mitbestimmung auch für die Zeitarbeitnehmer.
- Die Zeitarbeitnehmer werden sowohl von den Betriebsräten der Zeitarbeits- als auch durch die Betriebsräte der Kundenfirmen betreut.
- Während der aktiven Beschäftigungsphasen sind die Betriebsräte der Kundenfirmen „zuständig". Die Zeitarbeitnehmer können zu den Sprechstunden bei den Betriebsräten der Kundenfirmen vorsprechen.
- Der Betriebsrat der Zeitarbeitsfirma ist im Rahmen der Disposition von Kundeneinsätzen nicht zu beteiligen. Ein neuer Kundeneinsatz besitzt grundsätzlich nicht den Status der Versetzung im Sinne des Betriebsverfassungsgesetzes.
- Die Kundenfirmen haben vor dem geplanten Einsatz von Zeitarbeitnehmern (Stichwort. „Übernahme") ihre Betriebsräte umfassend zu informieren.
- Die Betriebsräte der Kundenfirmen sind nur in den Fällen gesetzeswidriger Konstellationen berechtigt, den Einsatz der Zeitarbeitnehmer abzulehnen. Aus der Tatsache, dass die Zeitarbeitsfirmen das AMP-Tarifwerk zur Anwendung bringen, welches mit den christlichen Gewerkschaften (CGZP) abgeschlossen wurde, ergibt sich kein Zustimmungsverweigerungsrecht.
- Zeitarbeitnehmer „wählen ohne zu zählen". Sofern die Einsatzzeiten der Zeitarbeitnehmer mehr als drei Monate betragen, sind sie im Rahmen der Betriebsratswahlen in den Kundenfirmen aktiv wahlberechtigt.
- Es gibt derzeit nur wenige Zeitarbeitsunternehmen, die einen Betriebsrat vorweisen können.

Wichtige Adressen

Arbeitgeberverbände

Bundesverband Zeitarbeit Personal-Dienstleistungen e.V. (BZA)
Prinz-Albert-Straße 73
53113 Bonn
Telefon: (0228) 7 66 12 - 0
Telefax: (0228) 7 66 12 - 26
www.bza.de

Interessenverband Deutscher Zeitarbeitsunternehmen e.V. (iGZ)
Hüfferstraße 9-10
48149 Münster
Telefon: (0251) 9 81 12 - 0
Telefax: (0251) 9 81 12 - 29
www.ig-zeitarbeit.de

Unternehmerverband IndustrieService u. Dienstleistungen e.V. (U.I.V.)
Düsseldorfer Landstraße 7
47249 Duisburg
Telefon: (0203) 99 36 70
Telefax: (0203) 35 57 14
www.uvgruppe.de

Arbeitgeberverband Mittelständischer Personaldienstleister e.V. (AMP)
Kronenstr. 3D
10117 Berlin
Telefon: (030) 20 60 98 - 0
Telefax: (030) 20 60 98 - 11
www.amp-info.de

Mittelstandsvereinigung Zeitarbeit e.V. (MVZ)
Kronenstr. 3
D-10117 Berlin
Telefon: (030) 20 60 98 - 0
Telefax: (030) 20 60 98 - 11
www.mv-zeitarbeit.de

Interessengemeinschaft Nordbayerischer Zeitarbeitunternehmen e.V. (iNZ)
INZ-Geschäftsstelle:
Nordring 26
D-90408 Nürnberg
Telefon: (0911) 9 37 71 - 6
Telefax: (0911) 9 37 71 - 77
www.inz-ev.de

Bundesvereinigung Deutscher Dienstleistungsunternehmen (BVD)
Salierring 32
50677 Köln
Telefon: (0221) 99 77 - 101
Telefax: (0221) 99 77 - 160
www.bvddeutschland.de

Mercedarius e.V.
Leipziger Platz 21
90941 Nürnberg
Telefon: (09131) 8 12 49 66
Telefax: (09131) 8 12 49 19
www.mercedarius.de

Gewerkschaften

Deutscher Gewerkschaftsbund (DGB)
Henriette-Herz-Platz 2
10178 Berlin
Telefon: (030) 2 40 60 - 0
Telefax: (030) 2 40 60 - 324
www.dgb.de

IG Metall (IGM)
Wilhelm Leuschner Straße 79
60329 Frankfurt am Main
Telefon: (069) 66 93 - 0
Telefax: (069) 66 93 - 2843
www.igmetall.de

Vereinte Dienstleistungsgewerkschaft (ver.di)
Paula-Thiede-Ufer 10
10179 Berlin
Telefon: (030) 69 56 - 0
Telefax: (030) 69 56 - 31 41
www.verdi.de

Christlicher Gewerkschaftsbund Deutschlands (CGB)
Obentrautstraße 57
10963 Berlin
Telefon: (030) 21 02 17 - 30
Telefax: (030) 21 02 17 - 40
www.cgb.info

Christliche Gewerkschaft Metall (CGM)
Jahnstraße 12
70597 Stuttgart
Telefon: (0711) 2 48 47 88 - 0
Telefax: (0711) 2 48 47 88 - 21
www.cgm.de

Deutscher Handels- und Industrieangestellten-Verband im CGB (DHV)
Postfach 600629
22206 Hamburg
Telefon: (040) 63 28 02 - 0
Telefax: (040) 63 28 02 - 25
www.dhv-cgb.de

Abkürzungsverzeichnis

ADG	Antidiskriminierungsgesetz
AEntG	Arbeitnehmerentsendegesetz
AMP	Arbeitgeberverband Mittelständischer Personaldienstleister e.V.
ANÜ	Arbeitnehmerüberlassung
ArbSchG	Arbeitsschutzgesetz
ArbZG	Arbeitszeitgesetz
AÜG	Gesetz zur Regelung der gewerbsmäßigen Arbeitnehmerüberlassung – Arbeitnehmerüberlassungsgesetz
BA	Bundesagentur für Arbeit

BAG	Bundesarbeitsgericht
BetrVG	Betriebsverfassungsgesetz
BGB	Bürgerliches Gesetzbuch
BGV A 1	Berufsgenossenschaftliche Vorschrift für Sicherheit und Gesundheit bei der Arbeit
BVD	Bundesvereinigung Deutscher Dienstleistungsunternehmen
BZA	Bundesverband Zeitarbeit Personaldienstleistungen e.V.
CGB	Christlicher Gewerkschaftsbund Deutschlands
CGZP	Tarifgemeinschaft Christliche Gewerkschaften Zeitarbeit und PSA
DGB	Deutscher Gewerkschaftsbund (DGB)
DIHK	Deutscher Industrie und Handelstag
ERTV	Entgeltrahmentarifvertrag
ETV	Entgelttarifvertrag
FKS	Finanzkontrolle Schwarzarbeit)
IAB	Institut für Arbeitsmarkt- und Berufsforschung
iGZ	Interessenverband Deutscher Zeitarbeitsunternehmen e.V.
iNZ	Interessengemeinschaft Nordbayerischer Zeitarbeitunternehmen e.V.
LAG	Landesarbeitsgericht
MVZ	Mittelstandsvereinigung Zeitarbeit e.V.
NachwG	Nachweisgesetz
OLG	Oberlandesgericht
PSA	Personal-Service-Agentur
SGB	Sozialgesetzbuch
U.I.S.	Unternehmerverband Industrie Service u. Dienstleistungen e.V.

Wichtige Begriffe

Arbeitsagentur	Arbeitsamt
Arbeitnehmerüberlassung	Personaldienstleister bringen bei ihnen fest angestellte Mitarbeiter zeitlich befristet in Kundenunternehmen zum Einsatz

Auftraggeber	Kundenunternehmen, das bei einem Personaldienstleister Arbeitskräfte anfordert
Auftragnehmer	Zeitarbeitsunternehmen, das im Auftrag trag eines Kundenunternehmens diesem Arbeitskräfte überlässt
Einsatzbetrieb	Kundenunternehmen, in dem der Zeitarbeitnehmer befristet eingesetzt wird
Entleiher/ Entleihbetrieb	Kundenunternehmen aus der Sicht des Zeitarbeitsunternehmens
externer Mitarbeiter	Zeitarbeitnehmer aus der Sicht seines Einsatzbetriebes
Fremdarbeitnehmer	Zeitarbeitnehmer aus der Sicht seines Einsatzbetriebes
Kundenunternehmen	Auftraggeber eines Zeitarbeitsunternehmens
Leasingkraft	fest angestellter Mitarbeiter eines Zeitarbeitsunternehmens
Leiharbeit(nehm)er	fest angestellter Mitarbeiter eines Zeitarbeitsunternehmens
Lieferant	Zeitarbeitsunternehmen aus der Sicht eines Kundenunternehmens
Personaldienstleister	Zeitarbeitsunternehmen, das Kundenunternehmen Arbeitskräfte überlässt
Personal-Service-Agentur	den Arbeitsagenturen zugeordneter privater Arbeitsvermittler
Regionaldirektion	vormals Landesarbeitsamt
Verleiher/ Verleihbetrieb	Zeitarbeitsunternehmen aus der Sicht des Kundenunternehmens
Vermittler	Personal-Service-Agentur
Vertragsarbeitgeber	Zeitarbeitsunternehmen für Zeitarbeitnehmer
Zeitarbeiter	fest angestellter Mitarbeiter eines Zeitarbeitsunternehmens
Zeitarbeitnehmer	fest angestellter Mitarbeiter eines Zeitarbeitsunternehmens

Literatur

- Bender, Diethelm (1997): Neue Wege in der Arbeitswelt: Manpower als Humankapital; mit Beiträgen von Martin Bangemann, Reinhard Göhner und Dieter Schulte
- Boemke, Prof. Dr. Burkhard (2002): Kommentar zum Arbeitnehmerüberlassungsgesetz
- DIHT (2000): Zeitarbeit – Chancen und Risiken einer modernen Beschäftigungsvariante
- Schröder , Esther (1997): Arbeitnehmerüberlassung in Vermittlungsabsicht – Start oder Fehlstart eines arbeitsmarktpolitischen Modells in Deutschland?; Institut für Arbeitsmarkt- und Berufsforschung (Beitrag AB 209)
- Schüren, Prof. Dr. Peter (2003): Kommentar zum Arbeitnehmerüberlassungsgesetz; 2. Auflage
- Verband Deutscher Sicherheitsingenieure e. V. (1999): Zeitarbeit – Ein Wirtschaftsfaktor: Qualität mit Sicherheit
- Vogel, Berthold (2004): Leiharbeit – Neue sozialwissenschaftliche Befunde zu einer prekären Beschäftigungsform

Fachaufsätze

- Arbeitsbedingungen für Leiharbeitnehmer, Beschluss des Bundesverfassungsgerichts NZA (2005); S. 153 ff.
- Befristung von Arbeitsverträgen mit Leiharbeitnehmern nach „Hartz I“; RA Mark Lembke, Der Betrieb (2003), S. 2702 ff.
- Betriebsbedingte Kündigung eines Leitarbeitsverhältnisses wegen Auftragsrückgangs; Rechtsanwalt Holger Dahm, Der Betrieb (2003), S. 1626 ff.
- EU-Osterweiterung und grenzüberschreitende Arbeitnehmerüberlassung; Prof. Dr. Burkhard Boemke, Betriebs-Berater (2005), S. 266 ff.
- Flucht aus dem Zeitvertrag in die Zeitarbeit; Prof. Dr. Wolfgang Böhm, NZA (2004), S. 823 ff.
- Grenzüberschreitende Arbeitnehmerüberlassung und Sozialversicherungspflicht im Europäischen Wirtschaftsraum;

Rechtsanwälte Dr. Alfons Nowak und Dr. Christian Reiter, ZESAR (2005), S. 53 ff.

- Neues Tätigkeitsfeld für Zeitarbeitsfirmen; Daniela Furkel, PersonalMagazin (10/2004), S. 12 ff.

Stichwortverzeichnis